火神眷顧的光明未來
——撒奇萊雅族口傳故事

劉秀美　整理

中國口傳文學學會

花蓮縣撒奇萊雅族

口傳文學採錄整理計劃

計劃主持人：　　劉秀美

計劃助理：　　李岱融　黃嘉眉

研究助理：　　蔡可欣　賴奇郁

採錄小組：　　王人弘　李岱融

　　　　　　　洪纈育　陳文之

　　　　　　　黃嘉眉　趙御均

　　　　　　　蘇宇薇

工作人員簡歷

劉秀美　國立東華大學華文文學系副教授

李岱融　國立東華大學中文系民間文學博士生

陳文之　國立東華大學中文系民間文學博士生

蔡可欣　國立東華大學中文系民間文學博士生

賴奇郁　國立東華大學中文系民間文學博士生

黃嘉眉　國立東華大學民間文學研究所碩士生

王人弘　國立東華大學中文系民間文學碩士生

趙御均　國立東華大學中文系民間文學碩士生

蘇宇薇　國立東華大學中文系民間文學碩士生

洪纈育　國立東華大學中文系民間文學碩士生

撒奇萊雅族祭典儀式照片

火神祭

火神祭

火神祭

海祭

撒奇萊雅族聚落照片

水璉村——頭目石

水璉村——美人山

山興（吉拉卡樣）部落

吉拉卡樣初代各階層名冊

國福社區（撒固兒部落）

撒固兒部落教室

採錄現場照片

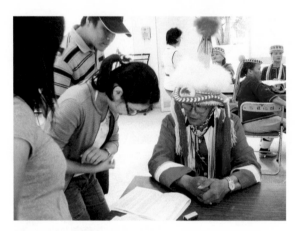

黃金文先生解說採錄稿之疑義處（國福里活動中心）

黃金文、鄭戴發、黃嘉眉（國福社區）

張錦城、黃嘉眉（水璉村）

王人弘、李岱融、高賢德（水璉村）

黃嘉眉、王佳涵、吳蓮芳、陳義盛（磯崎村）

李岱融、劉秀美、盧和忠、宋德讓（水璉村）

馬立雲部落耆老接受訪談（社區活動中心）

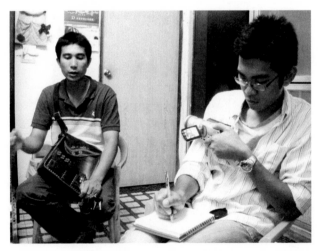

張少清、李岱融（吉拉卡樣部落）

黃松德、黃嘉眉、黃松德之妻（吉拉卡樣部落）

黃嘉眉、張少清、劉天來（吉拉卡樣部落）

林黃秀菊、林秀妹（撒固兒部落）

孫來福、蘇宇薇（撒固兒部落）

目次

前言

　　達固灣湖事件（1878）以後，撒奇萊雅族隱身於阿美族群中，直至近年（2007）始通過民族認定而成為政府承認的「臺灣原住民族第十三族」（參本書「花蓮縣撒奇萊雅族簡介」）。族群復名對於撒奇萊雅族具有文化傳承及宗脈延續的意義。雖然一百多年來許多族人並沒有忘記他們的族群身份，但流離的身份經常讓恐懼佔滿。如今撒奇萊雅族人已恢復自己的族名，但由於和阿美族長期混居，如何藉由族群文化的各自特徵凸顯二族的區別，成為族群認同無可避免的問題。臺灣原住民族因為無文字可供記錄，族群的文化保存僅能依賴代代口耳相授的傳承，因此族群歷史、祭典儀式及口傳文學等文化資產的保存為當務之急。隨著社會文明腳步的演進，部落在現代社會生活、經濟型態的快速變遷與漢族文化的長期影響下，年齡層制度的傳承鏈條快速瓦解，年輕一輩已遺忘母族的文化傳統和祖先的過往歷史。撒奇萊雅族當然也要面對這種與其他原住民族同樣的「失落」，然而他們還必須加快腳步保留足以讓他們與阿美族區隔的族群記憶。

　　原住民部落文化的保存是一件與時間賽跑的工作，調查計畫的進行遠不及部落文化快速消失的速度。2007 年到 2008 年

間，有幸獲得國家文藝基金會調查經費的贊助，得以進行花蓮地區撒奇萊雅族口傳文學的調查。作為一個漢族的實地考查者，經常抱持著忐忑不安的心，——「我不是原住民，我能做什麼？」但這樣的疑惑沒有持續太久，我看到了部落文化資產的調查與保存速度趕不上傳承耆老的凋零，他們就像秋天悄悄飄落地面的樹葉，而我們還在猶豫什麼？我彷彿聽到十九世紀英國海關職員泰勒（George Taylor）在南岬蒐集臺灣原住民族故事時的呼喚：「快來吧！否則就來不及了。」

本次計畫執行歷時一年，調查範圍涵蓋新城鄉北埔村、花蓮市（撒固兒部落）、壽豐鄉水璉村、豐濱鄉磯崎村、鳳林鎮山興里（吉拉卡樣）及瑞穗鄉（馬立雲部落）。採錄小組幾乎花了一整年的時間穿梭於撒奇萊雅族各部落間，其中尤以計畫助理李岱融和黃嘉眉進出部落的次數最多。這些調查成果歷經多時整理，篩選安排終將出版，心中有無限的激動。

計畫之得以完成，應歸功於接受我們採訪的部落朋友。水璉部落的蔡金木先生、吉拉卡樣的張少清先生、磯崎部落的洪清一教授、陳義盛村長以及馬立雲部落的莊丸丁頭目，在計畫執行過程中熱心協助，讓我們看到了他們和許多族人為保存部落文化所做無私的努力。另外，採錄小組成員李岱融、黃嘉眉在整體計畫執行上的精細掌握；蔡可欣、賴奇郁最後協助情節單元初稿的訂定，都讓我減輕了不少時間壓力。

2010 年底至 2011 年初，接受花蓮市公所的委託，特別針對市內撒固兒部落進行文化調查。期間有關口傳文學的調查也有不少收穫。部份受訪人曾於前次計畫執行時接受過訪談，此刻再次為我們開講故事，所述內容不盡相同。這些訪談資料因為未竟符合市公所委託案之所需，故一併編入本書。

最後，還要特別感謝國家文藝基金會補助本計畫、業師金榮華先生協助定稿，學長陳勁榛教授意見之提供及中國口傳文學學會的協助出版。

劉秀美　2011 年 12 月於永和

花蓮縣撒奇萊雅族簡介

　　撒奇萊雅人居住在臺灣東海岸中段的花蓮縣境內。花蓮市北端古稱奇萊平原,「奇萊」一語就和撒奇萊雅族居於此地有關。19世紀時最大的部落稱為「達固湖灣」(Takobowan)。1878年,清軍攻打花蓮地區的噶瑪蘭人和撒奇萊雅人,史稱達固湖灣事件或加禮宛事件。在清剿撒奇萊雅人的軍事行動中,達固湖灣首當其衝。部落建設被火攻燒毀,頭目夫婦遭凌遲而死,居民被迫四處逃跑、遷徙,除了匿居於現今花蓮市的撒固兒(Sakor或稱Cupo)、卡修修安(Kasyusyuan)、美崙(Pazik)之外,並另聚集或建立了北埔(Hopo,新城鄉北埔村)、水璉(Ciwidian,壽豐鄉水璉村)、月眉(Apalu,壽豐鄉月眉村)、磯崎(Karoroan,豐濱鄉磯崎村)、馬立雲(Maifor,瑞穗鄉舞鶴村)、吉拉卡樣(Cirakayan,鳳林鎮山興里)等部落。復因人口遷徙、異族通婚等因素,目前僅剩北埔、撒固兒、水璉、磯崎、吉拉卡樣、馬立雲有較多的撒奇萊雅族居住。大體而言,達固湖灣事件過後,在阿美人的情義幫助之下,撒奇萊雅人散居隱匿於阿美族各社之間,鮮為外界所知。日治時代日本的人類學家,以及臺灣光復後國民政府,他們所做的民族鑑定工作,都忽略了這個族群的存在。直至2000年前後,原住民族

群意識高漲，撒奇萊雅族在耆老及知識份子的努力下，爭取族群復名，臺灣政府終於在 2007 年 1 月 17 日承認其為「臺灣原住民族第十三族」。

　　撒奇萊雅族屬於母系社會，採入贅婚，從妻居。男性與阿美族相似，擁有襲名制的年齡階級制度；各部落有一套年齡層的名號循環使用。撒奇萊雅的男性 14 歲即進入年齡階級，每五年晉升一級。過去撒奇萊雅族主要分佈於花蓮奇萊平原，由於靠山面海，因此同時兼有漁業以及狩獵等經濟產業，近代因甚早接觸噶瑪蘭族人，因而學習水田耕作。目前撒奇萊雅族在海岸山脈兩側建立的各個部落，地理位置各有不同。依山的部落以農業為主，如山興、馬立雲；傍海的部落則以漁業較為發達，如水璉、磯崎等。

　　撒奇萊雅族由於達固湖灣事件之後匿居阿美族社會，以至總人口數統計不易。依行政院原住民族委員會 2011 年 7 月公告的數據，只得 584 人。

花蓮縣地理位置圖

台北市

花蓮縣

高雄市

花蓮縣撒奇萊雅族部落分佈圖

• 神話 •

01. 射日

　　天上本來沒有太陽，只有月亮，所以光度不夠。老人和巫師溝通說想要有光，巫師和神溝通之後，就祭拜神，神一下子給了十個太陽，人們都受不了，無法生活。神說：「你們自己要光，我就給你們十個太陽。」有一個年輕力壯的少年，他是獵人，禽鳥野獸都射得中。他嘗試射下太陽，射到最後一個，族人說「你不要再射了」，所以留下了一個太陽。

　　講述：黃金文

　　時間：2008 年 5 月 4 日

　　地點：花蓮市

　　採錄：黃嘉眉

情節單元：

　　A720.1.2.　　　（天上原有十個太陽）

　　A739.2.1.　　　（勇士射日）

02. 月亮上的影子（二則）

（一）

　　有一個少女很懂事而且十分孝順，她是部落最漂亮的少女，但她經常受到父母凌虐。她愛上了一個農家子弟，父母親很反對她愛這個男孩，後來她非常堅持的告訴父母親：「如果你們不喜歡，我就要離開你們。我一直擔心你們的生活沒有依靠，但是你們仍然不允許我跟這個男子在一起，我只有離開。」說完這句話，突然有大洪水沖到美崙溪下游，像颱風似的把少女捲住，沖到美崙山上最北邊的凹處，沖過山頭後再被沖走到海邊。事前她曾和父母親說：「當我離開家以後，晚上你們就往月亮上看，我會拿著我的鋤頭，挑著籃子在月亮上。」

　　所以當天空清澈，或是月圓的時候，我們會看到一個少女拿著鋤頭和籃子在月亮上。每年七、八月到十月，所有的農作物乾旱的時候，就舉行求雨的祭典，祭拜月亮，用巫師的力量求雨，讓月亮上面純潔的少女能體諒族群的苦處，給我們一些雨水。

講述：黃金文

時間：2007 年 4 月 25 日

地點：花蓮市國福里社區活動中心

採錄：黃嘉眉、陳文之、趙御均

情節單元：

　　A751.8.　　　（月亮上的婦女）

（二）

　　少女受到父母親的凌虐，始終沒有辦法得到愛護。她喜歡上一個少年，但父母親卻不喜歡這個少年。後來她決定自殺。男子勸她一起遠走高飛，但是那個時代，遠走高飛好像不可能，因為到哪裡都會被抓回去。撒奇萊雅是一個很團結的族群，即使任何一個家庭的事情也都是由部落來做決定，所以就算他們能夠遠走高飛，也會被抓回來。族內有年齡階層的制度，來代替所有員警的工作，做什麼都會以頭目為主，所以族裡的人很難成功逃離。

　　少女告訴所有人：「我走了以後，要到月亮上面。」少女投河自盡後，洪水突然爆發，直沖到山頂上面。它直沖的方向剛好在山的中間，山的中間突然一個水溝。印證了少女在生前所講的，她會跟著水沖到海裡面去，靈魂會到月亮上面。後來撒奇萊雅人發現月亮真的有少女扛著一個鋤頭，前面還有一個籃子，是少女去撿菜、撿海螺、撿田螺使用的東西。

　　講述：黃金文
　　時間：2007 年 7 月 1 日
　　地點：花蓮市受訪者家中
　　採錄：黃嘉眉、趙御均

情節單元：

　　　A751.8.　　　　（月亮上的婦女）

03. 雷電的由來

福通（Botong）的太太叫做鏗朗（Kingm-rang）。福通就是雷公，他帶著太太從雲端下來的時候，太太有一些懼怕，她又懷有身孕。福通交代她，下來的時候絕對不要「嘩─」的叫，不要喊出聲音來，結果她在半途喊了一聲，胎氣就洩掉變成了閃電，她就消失了。現在打雷的時候，會有兩種聲音，一種是連閃二次光，連響二次的聲音，那是電母的聲音，另外一個直接「轟」的，那是雷公的聲音。

講述：陳華貴

口譯：蔡金木

時間：2008 年 6 月 11 日

地點：壽豐鄉水璉村

採錄：黃嘉眉、李岱融

情節單元：

A284.　　　　（雷神）

A285.　　　　（電母）

A285.2.　　　　　（閃電的由來）*

案：福通是花蓮原住民口頭傳說中一個來自天上或他
　　地的能人異士，在一般講法中，都和雷電沒有什麼
　　關係（參本書 017 福通傳奇）。這一則故事則將福通
　　之名和天體氣象神話做了聯結。

04. 洪水（二則）

（一）

　　大地被沸騰的洪水淹沒，有一對兄妹坐在老人家搗麥用的木造大盤子上，就好像坐在船上一樣，兩人才沒有被滾燙的洪水燙到而活了下來，大概漂流了一星期到了花蓮。等水不燙、退去了，兩人離開木盤子。那時大地上連草都被燙死了，生活上什麼都沒有。他們頭上長很多蝨子，在那種情況下，也祇能吃蝨子了。就這樣過了一陣子，草開始長出來，有了神給予的食物，兩人存活下來後成為夫妻，繁衍後代，人口越來越多，分散開來，到南昌、東昌等地方。所以，人是從同一個肚臍出來的。

　　講述：林黃秀菊

　　口譯：林秀妹

　　時間：2010 年 11 月 24 日

　　地點：花蓮市林秀妹家中

採錄：蘇宇薇、賴奇郁

翻譯：孫生義

___

情節單元：

A1010.　　　　　（大洪水）

A1021.0.2.1.　　（乘木盤避洪水）*

A1610.　　　　　（各族起源）

T415.5.　　　　　（兄妹／姊弟成婚）

（二）

　　大地上冒出滾燙的洪水，部落的人幾乎全部死掉，只剩下一對兄妹。他們坐在木臼上，才沒有被燙熟，因為那是木頭做的，就像船一樣，讓他們躲過災難。然後，水退去了，他們兩人上了陸地。那時什麼食物都沒有，只好吃頭上的頭蝨。後來草慢慢長出來了，也許是有了神明的幫助，也或許是他們懂得種地瓜。他們就這樣活了下來，年紀慢慢長大成了夫妻。所以說，我們是同一個臍帶出來的。漸漸人口繁衍眾多而分開，因此才會有阿美族、撒奇萊雅族。

講述：林黃秀菊

口譯：黃秀英

時間：2011 年 4 月 25 日

地點：花蓮市林黃秀菊家中

採錄：蔡可欣、賴奇郁

翻譯：孫生義

情節單元：

A1010.	（大洪水）
A1021.0.2.2.	（乘木臼避洪水）*
A1610.	（各族起源）
T415.5.	（兄妹／姊弟成婚）

・族群起源傳說・

05. 撒奇萊雅族的起源（三則）

（一）

　　早期撒奇萊雅族住在另外一個島嶼，從事捕魚工作。有一次，有兩個姊弟捕魚時在海上遇到強風，槳划斷了沒有辦法回去，他們被風一直吹到花蓮東部，也就是現在的鹽寮一帶上岸，一上岸就住下來落地生根。

　　兩個姊弟後來結為夫妻了，因為四周都沒有人，只好兩個人共同建立一個家庭。經過一段時間之後，他們繁殖到相當多的人口，看到花蓮出海口西邊有著寬闊的平原，就越過花蓮溪出海口到花岡山，繼續繁衍自己的後代。

　　講述：黃金文

　　時間：2008 年 4 月 15 日

　　地點：花蓮市國福里社區活動中心

　　採錄：黃嘉眉

情節單元：

T415.5.　　　　　（兄妹／姊弟成婚）

（二）

　　原住民就是坐塔鉢鉢淦（tabobogan）來到這裡。塔鉢鉢淦的形狀像船但不是船，它是一種用來舂小米的長型臼。以前有一對夫妻把子女放在塔鉢鉢淦裡放水流[1]，兩人當時帶著一把稻穗，只拿了一顆吃。漂流到臺灣的時候，剩下的就拿來撒在土地上，我們才有這個穀類。大家都傳說他們是在豐濱（Fakong　貓公）上岸的。聽說後來他們從貓公的基拉雅山（Cilangasan）下來的時候，一部分人向西往奇美（Kiwit）方向，後續的情況就不知道了。

---

[1] 「子女」一詞，講述者稱作「Malagagai」，包涵親的兄弟姊妹之意。因此此處究指兄妹還是姊弟，並不確定。又：講述者特別解釋：不是因為洪水的關係，而是父母親將他們放水流。

講述：蔡火坤

口譯：蔡金木

時間：2008 年 6 月 11 日

地點：壽豐鄉水璉村

採錄：黃嘉眉、李岱融

情節單元：

A1423.2.　　　（稻米的由來）

A1610.　　　　（各族起源）

（三）

　　一對姊弟划著獨木舟一起到海上去抓魚，遇到颱風，槳斷掉了，沒辦法划回原先居住的地方。有人說是從菲律賓某一個島嶼，但不敢肯定。也許是在臺灣某一個地點，兩個姊弟碰到颱風，在鹽寮這個地方上岸。後來他們就在這裡共同生活，最後就變成夫妻了，慢慢人口愈來愈多，都是撒奇萊雅，沒有其他的族群。後來經過好幾百年，好幾千年也不一定，人口多起

來，鹽寮的土地已經不敷使用了，他們看到西側有廣大的平原，想要越過花蓮溪到西邊廣大的平原，也就是奇萊平原。剛來到奇萊平原的時候，他們先居住在里漏（今東昌村）海邊。一段時間後，他們就碰到阿美族，後來他們就再往北遷徙，到花岡山，在花岡山居住了很長的一段時間。其他族群就繼續跟阿美族在東昌村居住，因為雙方沒有敵意，一部份的族群——娜荳蘭（南昌跟宜昌的族群）到東昌村，娜荳蘭就跟撒奇萊雅人共同成立了東昌村，所以娜荳蘭的語言混有撒奇萊雅人的，也有娜荳蘭的，是一個中間的、改變的語言，腔調上有撒奇萊雅人的腔，可是講的話是娜荳蘭的。

講述：黃金文
時間：2007 年 7 月 1 日
地點：花蓮市受訪者家中
採錄：黃嘉眉、趙御均

情節單元：

A1611.7.2.　　　（撒奇萊雅族的起源）*

T415.5.　　　　（兄妹／姊弟成婚）

案：上述三則關於撒奇萊雅人的起源傳說，都說本族人由外地而來。黃金文先生的講法說有人認為本族原居地是菲律賓的某一個島嶼。2008 年 3 月 19 日，潘建憲先生接受採訪時也提到此一說法，整理如下：日本人說我們是從撒拿賽（Sanasay）小島來的。菲律賓那一帶很多的小島中有一個叫撒拿賽。撒拿賽就是一種長出來很像繩子一樣會纏繞在樹上的植物，可能山上還看得到。那個島上很多這種植物，裡面有豐富的水，砍的時候要兩邊一起砍，如果只砍一邊，水不會流出來。如果兩邊都砍，水就會流下來。它不是樹，是在樹旁邊纏繞著生長的植物，使原住民可以有水源在島上生存。這種水對身體好，喝了會長命富貴，使皮膚變白。撒奇萊雅就是喝這種水再加上有西班牙的血統，所以皮膚是白的。（李岱融、黃嘉眉採錄於花蓮市花蓮教育大學）

・史事傳說・

06. 七腳川與太巴塱

　　吉拉卡樣（Cirakayan）和阿里嘎蓋（Alikakay）讀音有些相同。吉拉卡樣的傳說有兩個不同說法，一個為太巴塱的，另一個為七腳川（Cikasoan）的。

　　以前太巴塱和七腳川都是很大的部落，他們的範圍很廣。太巴塱的傳統領域已經到了溪口，南下更大。七腳川的原始部落領地劃分到鳳林，因此溪口到鳳林算是模糊地帶，也很少人管得到，所以他們的傳統領域是重疊的。這個重疊的領域就是吉拉卡樣，常常會有比較崇尚自由不想被管的人躲到這個地方。

　　太巴塱的農作物比較豐盛。我們七腳川則是狩獵技巧和放陷阱的技巧很高明，不管是抓人或抓動物都厲害。這兩大部落常常會互相展示武力，衝突就這樣產生。他們認為我們撒奇萊雅的服裝好看，就常常抓一些撒奇萊雅的年輕人，把他們殺掉搶走傳統服裝。頭目知道後，就叫我們帶著二十件的男生傳統服裝和二十件的女性傳統服裝，到太巴塱去換取種子。太巴塱的農作物很豐富，有很多種子。撒奇萊雅請了一個叫拉卡（Lakai）的年輕人揹了這四十件的彩衣到太巴塱，因為怕擔誤時間，命令他以一天的時間來回。拉卡是部落裡公認最有能

力的年輕人，他揹了四十件的彩衣去見了太巴塱的「有錢人」
（gadidaan），這種人因為有錢可以照顧更多人，所以是比頭
目更高階的家族。太巴塱的人也同意換取種子。他們本來要留
拉卡一天，隔天再讓他帶種子回去，但拉卡說：「我們的頭目
說換了就要回來。」「有錢人」也同意了，祝他一路平安。

在他們交易的過程中，一旁的年輕人想說如果拉卡換取了
種子，那邊部落變得很強盛怎麼辦！因此一些年輕人自作主張
想把種子搶回來。於是在拉卡離開後，幾個年輕人就跟蹤他，
在吉拉卡樣過去一點的墓地把拉卡擋住，要把種子要回來。拉
卡不肯給，經過一陣爭執，六、七個人欺負一個人。老人家形
容那個狀況就好像牛在打鬥一樣，拉卡被打死了，屍體被拖行
了不知道多遠，就藏在草叢裡。拉卡部落的人一直等不到他回
來，覺得很納悶──拉卡是個很遵守命令的人，為何到了晚上
還不回來？

隔天，頭目發佈拉卡遇難的消息，大家決定要去找他。把
和拉卡一樣年齡階層的人集合起來，沿路蒐尋，真的找到了打
鬥的痕跡，但是找不到拉卡的屍體。後來才在墳墓的地方找
到。他們把拉卡的屍體帶回去，頭目很生氣，就帶了人到太巴
塱理論，說交易失敗就算了，為何把人打死，又把種子搶回去。
「有錢人」說他們不知道這件事，撒奇萊雅認為他們怎麼可能
不知道？彩衣和種子都被拿走了！於是決定發動戰爭。

　　太巴塱不願意戰爭，但是撒奇萊雅認為自己吃虧了，一定要討回來。太巴塱說要給他們更多的種子帶回去，把這事件擺平。頭目也答應了，避免了一場戰爭。就帶了很多種子，但命令在回來的過程中只能休息一次。他們就走到下面一個叫吉哈法樣（Cihafayan，今之中興社區）的部落[1]。「吉哈法樣」是指掉了很多小米種子在那裡，長出了很多小米的意思。

　　「吉拉卡樣」是為了紀念被打死的拉卡而命名的，所以部落名稱中間有「拉卡」兩個字。原住民最不喜歡住曾經發生大事故的地方。那邊剛好是拉卡過世之處，後來就自然形成了墳墓區，不住人了。

講述：張少清

時間：2008 年 5 月 21 日

地點：鳳林鎮山興里

採錄：李岱融、黃嘉眉

---

[1] 關於「吉哈法樣」，參本書 19 都賴的故事。

情節單元：

C883.1.　　　（禁忌：卜居於塋域）＊

S110.　　　　（謀殺）

07. 達固湖灣

　　有一群人從南洋搭著木造的船來到臺灣，讓一部分人在台東縣成功鎮新港登陸，然後船又再開往花蓮，剩餘的人在現在亞士都飯店附近的海邊登陸，這群人就是撒奇萊雅人。這一帶在過去有很多石頭。他們知道有石頭的地方，沿岸海水比較深；另一處海岸邊都是砂子，就表示海水很淺，沒辦法採集食物。他們主要是在海邊找食物，於是選了石頭很多的地方登陸。

　　登陸以後，那個時候都沒有人，到處都是蛇。他們選在今天花蓮縣政府一帶開墾，種地瓜、芋頭、南瓜、玉米。但是這地方是砂地，不是泥地，土地種植一次以後就不能再種，他們又開始尋找其他耕地。過不久遷徙到今天花蓮臺灣水泥廠附近，這裡因為土地比較好，人們都搬去，耕種的收穫比以前好。當人數越來越多，小孩也都長大了，又面臨耕地不足的問題，於是又再去尋找可以種田的好平原。他們一直想著這問題，走到了美崙山上去，站在山上向下看，看見現在花蓮市新佐倉一帶有很寬闊的土地，於是他們前去觀察，遇到山上的太魯閣族，而被砍頭。

　　過了幾年的時間，他們商量再找一個好的地方，組成了一個團體，往現在叫做撒固兒部落的那個地方走去。他們一面走

一面砍竹子、樹木開路，差不多一星期後到達這個地方，確定沒有太魯閣族後，就在這裡住下，稱此地為「達固湖灣」。

他們覺得達固湖灣部落有河水、可以養豬、種米，是個好地方，所以慢慢開墾，種植地瓜、南瓜、芋頭、小米、玉米。頭目在房子蓋好後，開始在部落外圍種刺竹。一年一年過去了，子孫越來越多，頭目仍不停的種刺竹，且交代子孫不能砍刺竹，因為這長得很密的刺竹就像部落的牆壁一樣，外人沒有辦法進入，所以太魯閣族很怕撒奇萊雅族。

當達固湖灣部落的人變多了，成年人 20 歲以上至 25 歲以下，要組成團體隨時守在部落的前、後門。當有人靠近時，就會問對方有什麼事，以保護部落安全。

有一次，部落青年得知現在佳民村的太魯閣族要來攻擊他們，部落的值星官聚集 800 名年輕人去迎戰太魯閣族，有一部分的太魯閣族被殺掉，有一部份則逃跑了。這群青年戰勝太魯閣族回來後，心情很興奮，太魯閣族也就不敢再來欺負達固湖灣部落。

之後清兵來到今日南濱公園海邊附近，因為無法與達固湖灣部落溝通，就派兵攻打部落。第一次來襲時，部落前門有年輕人保衛著，清兵沒有辦法進入。三個月之後清兵計畫用射火箭的方式，燒部落的房子。在清兵火攻下，部落的房子都被燒掉，清兵就進到部落裡，守在部落門口的年輕人感到很傷腦筋。大頭目古穆・巴力克（Komod Pazik）以及妻子伊婕・卡

娜嫂（Icep Kanasaw）在清兵進到部落後，要部落裡的年輕人趕快跑，不要留在部落裡，不然會被殺光。清兵將部落裡沒逃走的人全數殺光，那些逃跑的人分散各地。撒奇萊雅族人是在這時分散開來。

清兵將頭目及頭目妻子抓起來後，拿一支刀刮古穆・巴力克的皮，三天後古穆・巴力克死掉了。又拿繩子把頭目的妻子從頭到腳綁起來，也是三天後就死掉了。

這件事過後，慢慢有撒奇萊雅的人回到達固湖灣附近，但清兵不知道這些人就是撒奇萊雅族。這群人漸漸聚集在今天花蓮市田徑場一帶，人數不多。之後日本人來到臺灣，清兵離開了。日本人教導部落的人要守法、要有禮貌，所以從那時候開始，部落變得很安好。

講述：黃光枝

時間：2010 年 11 月 29 日

地點：花蓮市黃光枝家中

採錄：賴奇郁

情節單元：

    A1610.　　　（各族起源）

A1611.7.2.　　　　（撒奇萊雅族的起源）*

案：清兵火攻達固湖灣，即達固湖灣事件（1878），參
　　本書「花蓮縣撒奇萊雅族簡介」。黃金文先生對清
　　廷軍事行動後撒奇萊雅人的下落有一段說明，附
　　誌於此：在 1878 年面臨滅亡的時候，怕清兵追殺，
　　逃亡到加禮宛山區上面。山區瀑布上有一個平
　　臺，他們便在那裡躲藏了大概 7、8 個月的時間。
　　族人在山上生活並不適應，必須下山尋找食物，
　　等到戰事平息之後才下山回到撒固兒部落
　　（Sakol，今國福里）居住。在加禮宛山上有一塊
　　白色的石頭，是神的印記，被稱作「比勒大滋」，
　　意指「受傷的留痕」，撒奇萊雅族因而將加禮宛山
　　紀念為「聖山」。（2007 年 4 月 25 日，黃嘉眉、陳
　　文之、趙御均，採錄於花蓮市國福里社區活動中
　　心。）

08. 龍眼村的傳說[1]

有一個荳蘭的年輕人很喜歡打獵，名字叫作雅亞達美（Yayadamei），他每天都來水璉打獵。大家在做工，他都在打獵。有人勸他：「不如種一點東西吧！不要一直吃肉。」他聽了覺得有道理，就去開墾。他點燃一堆木柴，沒想到燒到別人的農作物，一燒就燒了六個月，把村莊的園地都燒光了。頭目就下命令要他離開，不要再待在龍眼村。他因為有太太、小孩，又認為自己不是故意的，就請求頭目原諒他，但是頭目不肯。他覺得頭目不講理，就回到荳蘭把事情經過告訴里漏、薄薄（今仁里村）和荳蘭三村的頭目，頭目也去幫他說情了幾次，但是還是不行。他們就想要攻打龍眼村，風聲傳開了，有人就告訴龍眼村頭目，在某一時間三村的一千多人會打來。雅亞達美和他的朋友白天就做火把，插在海灘上，從遠處一直點火過來，從眺望台看，遠遠的火光一直過來。有一個人看到，以為那麼多人。頭目心想可能打不過了，於是準備往南遷移。他下令村

---

[1] 龍眼村在今壽豐鄉水璉村境內。

莊的人趕快逃走。其實他們被騙了。後來荳蘭和其他外地人就侵佔了龍眼村開墾，龍眼樹也變少了。

講述：宋德讓
時間：2008 年 1 月 24 日
地點：壽豐鄉水璉村
採錄：黃嘉眉、李岱融

・事物起源傳說・

09. 老鷹叫聲的由來

　　小朋友都稱老鷹,其實那是大冠鷲。以前老鷹和人的語言是相通的。有一天天氣很好,一位長者上山工作鋤草,聽到天空有哭聲,他看到一隻大冠鷲哭著說:「我的孩子～我的孩子」,長者就問大冠鷲:「你為什麼哭呀?」牠說:「因為這幾天連續下大雨,我沒有辦法出去捕食獵物,後來只好把我的孩子吃掉了。天氣變好了,我又有獵物了,但是孩子已經被我吃了,我很難過,所以我哭。」大冠鷲的聲音就是「娃娃哭、娃娃哭」,就是這樣來的。

講述:張少清

時間:2008 年 5 月 21 日

地點:鳳林鎮山興里

採錄:李岱融、黃嘉眉

情節單元:

A2240.1.　　　　(大冠鷲哭聲由來)

B211.3.　　　　(鳥作人語)

10. 樹蛙為什麼一直哭

　　有一對夫妻養育著一男一女，生活很困苦，孩子無法再帶在身邊了。他們想了一個辦法，就是把孩子野放；因為養不活，再繼續下去孩子會死掉。他們把孩子帶到山上，告訴孩子：「你們在這裡等，我們回頭再來接你們。」那個地方剛好接近水邊，孩子一直等到晚上，爸爸媽媽都還沒來，兩個人就抱在一起睡。隔天爸媽還是沒來。哥哥說：「爸爸媽媽交代不能離開這裡，一定要等他們來接。」過了好幾天，兩兄妹又餓又冷，只能靠周邊的小動物、小昆蟲當食物，喝河邊的水。時間久了，他們的身體開始產生變化，漸漸變成了綠色的，但是他們不曉得怎麼哭，因為從來沒有哭過。妹妹就問哥哥說：「我很難過，但是我不曉得怎麼哭。」哥哥說：「我聽過有人哭的聲音就像是啦—咕—啦咕—啦咕—。」他們兩個每天就這樣一直哭。又冷又餓，形體愈變愈小，最後變成了莫氏樹蛙（lakulaku）。到現在他們還是很難過，父母親為什麼沒有來接他們，就哭到現在。

講述：張少清

時間：2008 年 5 月 21 日

地點：鳳林鎮山興里

採錄：李岱融、黃嘉眉

情節單元：

D195.　　　　（人變蛙）

S321.　　　　（父母因窮棄兒女）

11. 芭蕉樹為什麼長在河邊

　　芭蕉樹本來是人類，是個美男子，但他非常自戀，常常到水邊去照自己；他很喜歡自己，每天到水邊一定要看看自己。有一天他看著就不想離開了，覺得自己很美，長年累月就成了一棵芭蕉樹了，所以芭蕉樹一定會在河的旁邊。

　　講述：張少清

　　時間：2008 年 5 月 21 日

　　地點：鳳林鎮山興里

　　採錄：李岱融、黃嘉眉

情節單元：

　　　　D215.9. 　　　　（人變芭蕉樹）*

12. 鋤頭的由來

撒奇萊雅族最早並不會種田——只在旱地裡種，不會在田裡種。過去沒有鐵的東西，幾乎都是用竹子去挖地。把竹子剖開了以後修成尖尖的，用尖頭來耕地、除草，很吃力。

達達（鋤頭）就是在這樣的情形下出現的。它看到主人耕種要用竹子去挖地太辛苦了，就出現在這個人的面前，告訴他：「你不要這麼辛苦了，我可以給你用！」達達在他的面前說：「你把石頭敲破，敲破了以後，就用「馬賽」（野藤）綑綁在你的竹子上面，用破開的石頭去鋤地，就有比較好的工作效率了。」後來他就敲石頭，剛好敲破一半，變成長型的，把它綁在竹子上，用石頭去挖土，效率相當好，從此以後就有了達達。後來漢人帶了鐵製的鋤頭來以後，他們仍然把鋤頭叫達達。

講述：黃金文

時間：2007 年 7 月 1 日

地點：花蓮市受訪者家中

採錄：黃嘉眉、趙御均

情節單元：

A1441.　　　　　（農耕技術的取得）

A1441.1.　　　　（鋤頭的來源）＊

13. 撒奇萊雅語言為什麼與別族不同

撒奇萊雅有一個傳說，其實原住民各部族本來是一家，透過年齡階層而分出去。撒奇萊雅的語言之所以特殊，是因為在一個聚會裡，最大的總頭目要分配語言的特殊性，結果撒奇萊雅遲到，大家都分好了。頭目就跟撒奇萊雅說：「你們的語言要怎樣自己決定！」所以我們就發展出了每個部族都聽不懂的語言。

講述：張少清

時間：2008 年 5 月 21 日

地點：鳳林鎮山興里

採錄：李岱融、黃嘉眉

情節單元：

    A1484.　　　（語言文字的起源）

14. 原住民為什麼沒有文字

在大洪水來之前，大家在一起讀書、寫字，原住民們寫在石頭上，臺灣人寫在葉片上或是木頭上。大洪水來之後，臺灣人寫的可以浮在水上，因此文字流傳了下來。而原住民們因為寫在石頭上，全部都沉到水裡、看不到了。因此，原住民就沒有文字了。

講述：林黃秀菊

口譯：黃秀英

時間：2011 年 4 月 25 日

地點：花蓮市林黃秀菊家中

採錄：蔡可欣、賴奇郁

翻譯：孫生義

情節單元：

A1484.3.1. （為什麼文字失傳了）

・異人傳說與遺跡・

15. 馬久久與海神祭

　　從前有一個小孩子叫馬久久[1]，從小就很乖巧，很會思考及察顏觀色。這孩子十分聰明，但是體弱多病，也受到家人的關愛。有一天，哥哥帶他去山上砍木材，他們自己帶了飯包在山上吃。中午時突然下大雨，秀姑巒溪暴漲，河水漲到沒有辦法過。他們想要強渡河回家，但是馬久久身體不好，年紀又小，在途中就被水沖走了。

　　馬久久抱著一個浮木，在海上昏昏睡睡的經過好幾日，後來漂到一個叫巴來珊（Balaisan）的地方。島上的女人都圍過來看他，可是馬久久和她們不同，尿尿的地方看起來不一樣。她們想：「這是什麼怪物呀！」

　　在巴來珊島上生出來的女人會被保留，男人會被殺掉。只有女王看過男人。島上也是有幾個男人是負責傳宗接代的。後來馬久久被帶去見國王，國王雖知道這是男人，但她不能在人民的面前說出來，所以她說：「這是不同的動物，又是從水裡上來的，一定是動物類，我們把他養大，像養豬一樣，殺來吃。」

---

[1] 講述者表示，也有人說「馬久久」是下文所述載著小孩回鄉那條鯨魚的名稱。

馬久久被關的地方也有好幾個不同的男人,是她們抓回來的俘虜,用來傳宗接代的。

馬久久很會觀察,他發現每個月月圓時就有男人會被抓走,從此不再回來。當他們被養肥後就會被殺。他和負責飼養他們的衛兵接觸幾個月後也學了些她們的語言,但他並不開口講話。有一天,他撿到一把剖檳榔用的小刀,跟辣椒一樣大小。糊塗的衛兵搞丟了刀也沒去找,他就藏了起來。馬久久計畫逃亡,每天都把土弄鬆,再填回去。經過每天的觀察,他瞭解部落的生活型態,知道她們飲酒歡樂時戒心最低。他沒有將食物全部吃完,而是晾乾藏起來,所以他一直長不肥。

不知經過了多少年,有一次他趁著士兵歡樂酒醉的時候跑出去,但是沒有直接逃往海邊,而是在逃到分叉路時躲在樹上。第二天,士兵發現他不見了,開始敲鑼打鼓。馬久久知道是來找他了。找到叉路的時候,狗一直叫,但是找不到馬久久。等到士兵走了,他還是沒有下來。直到晚上,才躲躲藏藏的來到海邊。

但是到了海邊,什麼也沒有,他也不知方向,後來被人發現了,他就往海裡跳,拚命的游,直到鏢射不到為止。突然,他聽到一個聲音:「馬久久……馬久久……」原來是一隻很大的鯨魚,牠說:「不要怕,我帶你回去。我是海龍王的化身,我來救你,你騎到我背上,抓住我的背鰭,當你要換氣的時候就用嘴巴咬,我有感覺就會浮上來給你換氣。」

　　不知經過了多久，回到了部落，鯨魚將水璉部落掃了一處海灣，成為三面環山，一面向海的地形，就是被魚尾巴打到的。有人說花蓮港附近是鯨魚第一次停留時打到的，所以變成一個凹的地型。可是馬久久說：「這好像不是我的部落。有出海口的才是我的部落。」才又找到他真正的部落。

　　他回到部落卻沒有人認識他。他說出爸爸的名字，別人指點他，他才能回到家，可是家人卻說：「馬久久早就死了，被大海漂走了，你怎麼可能是馬久久？」他說：「你不信的話，去床鋪下第幾塊地方，有個磨刀石是我放的。」他把失蹤的過程講給老人聽，他說：「鯨魚救我上來，牠要求十個小罐的甕、檳榔一耳（整個一串割下來，不能掉下一粒），還有酒、三個芒草結、像臉盆一樣大的糯米糕（都論）。」

　　第一次，馬久久失信於海龍王，海龍王生氣而起浪。他發現後趕快和族人講，海才恢復風平浪靜。由於馬久久沒有做到海龍王的要求，海龍王就派了一個海龜上岸，海龜要馬久久去道歉，不去的話會有天災。海龜說：「我可以戴你去找海龍王，如果你要呼吸的話，就拉我的耳朵，如果你想要早點到海龍宮，就拉我的尾巴。」所以我們如果抓到海龜，不管往哪個方向擺，牠一定往東。

　　後來全村的人就一起祭拜海龍王卡飛特（Kafit）。祭拜的時候，突然一個大浪打來，整個祭品被浪帶走。馬久久在去世之前說：「以後你們要記得感恩，每年的五、六月份，海龍王

會保護你們捕魚，就把他當作我們的三位神之一。」海神祭就
是這樣來的。

講述：蔡金木
時間：2008 年 12 月 9 日
地點：壽豐鄉水璉村
採錄：李岱融、黃嘉眉

情節單元：

A1546.7.3.　　　（海神祭的由來）*
B211.7.3.　　　（鯨魚作人語）*
B551.1.　　　　（魚載人）
F709.2.1.　　　（女兒國）

16. 女人島

　　有一男子在海邊看到小孩在玩烏龜，他要小孩別玩弄烏龜，於是給了小孩一些錢，又將烏龜放回海裡。一段時間後，烏龜來告訴男子，要帶他去一個全是女人的島上遊玩。這男子坐著烏龜到了女人島，女人讓他吃得很好、住得很好，如同豬一樣的餵養他。男子在島上住了一段時間後，烏龜說男子可以回去了。在他離去前，島上的婦女送他一盒東西，告誡他在回到陸地以前，不能把盒子打開來。在還未抵達陸地時，男子好奇盒子裡裝了什麼，就打開盒子一看，盒子裡只冒出白煙，突然他整個人頭髮也變白了，變成一個老人。

　　講述：林黃秀菊

　　時間：2010 年 11 月 24 日

　　地點：花蓮市林秀妹家中

　　採錄：蘇宇薇、賴奇郁

　　翻譯：黃秀英

故事類型：

844C　　　　　　　（龍宮歲月非人間）

情節單元：

B211.2.7.2.　　　（海龜作人語）*

B375.8.　　　　　（烏龜獲釋：報恩）

F112.　　　　　　（女人國之旅）

F377.　　　　　　（仙島數日，人間數年）

17. 福通傳奇（九則）

（一）

　　有一個人叫福通，小的時候很懶惰，很愛玩，不喜歡讀書。有一個老人罵他說：「別人讀書你為什麼不讀書？懶得要死！」認為他是一個不孝順又不聽話的孩子，但是他知道自己是怎麼樣的人。

　　他長大後很愛玩陀螺。大家都去工作了，他還是在玩陀螺。可能因為他長得很英俊，因此村莊裡有一個女孩對他有好感，後來他娶了女孩當老婆。結婚後他的岳父說：「大家都去工作，為什麼你不工作呢？」他說：「等我把這個陀螺做好就會去工作。」「可是你每天都在玩。」他說：「陀螺還太小。」他小的時候做小陀螺的，慢慢長大就做大的陀螺。後來他做好大螺陀就到山上去，到了田裡把陀螺一丟，奇怪的是陀螺一轉就不停了，把整個山都挖平了，地也整理好了，就可以種作物了。岳父問他：「有沒有整理田地？」他說：「你去看看就知道了呀。」岳父說：「有沒有騙我呀？」岳父一去看，真的都整

理好了。問他怎麼完成的，他說：「我用陀螺。」後來大家就在那裡種作物了。

　　有一天，他說：「我的時間到了。」原來是要回天上了。他的父親叫他去玩，他卻偷溜到了地上，後來天上的父親知道了，要他快回來，他就做了雲梯要回去。剛好他的太太懷孕，福通就告訴她：「我要走了。」太太說：「你不要走啦，你走我也要跟著。」福通說：「到天上要爬很遠，你現在體重太重可能不行，不要跟著我。」後來他們商量了以後，福通說：「要一起爬上去也可以，但是一直到最上面都不能回頭，你受得了嗎？」太太答應了。當他們一起往上爬的時候，福通一直前進，因為他是男生力氣比較大。但是太太已經懷孕了，爬到中間因為太累就稍微向後看一下，沒想到雲梯就斷掉了。她掉下來後，生出豬、貓、狗這些動物。從那個時候，福通就不見了。有時候我們也會罵他，但是他把所有的田都整理好，很厲害。為了紀念他，每一個人都做陀螺。

講述：宋德讓

時間：2008 年 1 月 24 日

地點：壽豐鄉水璉村

採錄：黃嘉眉、李岱融

情節單元：

F52.　　　　　（登天之梯）
F681.10.1.　　（陀螺快速整地）*

（二）

　　以前沒有除草的農具，有一個很聰明的人叫福通，人家不能做到的，他就能做到，像馬蓋先一樣[1]。他施法將很大的陀螺轉很快來除草。以前沒有斧頭可以砍樹，大家用番刀都砍得很慢，福通很厲害，知道用斧頭砍大樹。

　　講述：高賢德
　　時間：2008 年 4 月 23 日
　　地點：壽豐鄉水璉村
　　採錄：李岱融、黃嘉眉

---

[1] 馬蓋先（Angus MacGyver），美國電視劇《百戰天龍》男主人翁名，1985 年起在台灣電視台播放。馬蓋先在劇中以善於運用瑞士刀和物理、化學常識巧妙解決問題為特徵。

情節單元：

A1441.　　　　（農耕技術的取得）

F681.10.1.　　　（陀螺快速整地）*

（三）

　　以前部落裡有一個叫福通的人，他一天到晚做陀螺。別人對他說：「福通，我們去山上工作了喔！」他也不理睬，只是整天做陀螺。當別人已經開墾了一大片地，他還是無動於衷。直到有一天，他覺得已經做夠了陀螺，就開始打陀螺開墾，連小山都變平了，地也比別人開墾得還要平，還要寬。

　　他說：「你們開墾的地只有一點點，到我這邊來種吧！」別人都種小米及五穀雜糧，他種的卻是南瓜、胡瓜等瓜類。到了收割的時候，別人收割稻穀，他收成瓜類，但是瓜類帶回去一剖開，裡面卻都是穀子。

　　當捕魚祭的時候，男人都出去捕魚了，只剩下部落裡的一些身體有殘疾的人。福通對他們說：「等一下你們跟著我就好了！」先前出海的族人即使是年輕人也只有捕到一條不是很好的魚。到了中午，福通就召集殘疾的人說：「你們過來吧！」福通拿出來的都是大家最喜歡最好的魚，這些殘疾的人因而享用了最好的魚。

　　傍晚當農村的蟬開始叫時，通常是農夫該回去的時間。但福通卻在還沒傍晚的時候把白天變成晚上，福通就變成女主人先生的樣子，女主人誤以為是先生回來了，晚上還和他睡在一起，後來還生出一個叫鏗朗（Kinglang）的女兒。

　　因為福通是神人，有一天他說他要爬階梯回天上，鏗朗也想要跟去。福通不斷阻止，叫她不要去，但她一定要跟。於是福通交代她在過程中一定不能喘氣、喊叫。當他們爬到最後一階的時候，她看到了天堂，興奮的叫了一聲，結果就掉下來了，她的肉身變成了蛇，這就是地球有蛇的原因。

講述：蔡振南

口譯：蔡金木

時間：2008 年 5 月 28 日

地點：壽豐鄉水璉村

採錄：李岱融、黃嘉眉

情節單元：

A2145.	（蛇的由來）
D658.2.	（幻化為女夫以成其姦）
D973.1.2.	（瓜類神奇產出穀類）*

D2146.2.7.　　　　（用法術使天變暗、變亮）*
F681.10.1.　　　　（陀螺快速整地）*

（四）

　　福通是神人，他很懶惰。因為他入贅後天天都在玩，因此岳父母很討厭他。他拿很多木頭做陀螺，他的岳父母罵他：「做那個有什麼用，無聊！」當他覺得陀螺已經做得差不多時，就開始打陀螺。陀螺一轉就停不下來，草、樹都倒下來。如果一個陀螺來不及對付那棵樹，好幾個陀螺就跑到那邊，從根開始轉，不久樹就倒下來了。好幾甲地的樹、草都慢慢的沒有了。於是他開始種地瓜，撒種子，種了很多東西。他拿回來時部落的人嚇了一跳：「他才出去幾天，怎麼有那麼多收穫？」後來他的岳父母就不好意思了，因為什麼都有了。

　　後來福通說要回他自己在天上的家，太太說要跟他一起去，福通說：「你現在懷孕，不能夠跟我一起去。」太太一定要跟。他們爬的梯子一直升到天空中，福通說：「我們爬梯子絕對不能出聲，就算很累也不能出聲。」太太答應了。夫妻一直往上爬，還剩一個腳步到頂點的時候，太太鬆了一口氣，哇的叫了一聲。結果梯子和人一起掉下來。聽說梯子一個掉在舞

鶴的兩個石柱的上面，一個本來在花岡山，現在消失了。後來太太的肚子就跑出了蛇、動物類的東西。

　　講述：徐成丸

　　時間：2007 年 6 月 1 日

　　地點：花蓮市忠烈祠樹下涼亭

　　採錄：黃嘉眉、趙御均

情節單元：

　　F681.10.1.　　　（陀螺快速整地）*

（五）

　　有一個少婦產下了一個阿里嘎蓋的兒子，這件事只有她自己知道。這個孩子叫福通，他非常的聰明乖巧。其他小孩子抓不到的鳥，他都有辦法抓到。去捕魚時，別人的魚永遠沒有他多。

　　福通娶了老婆後，有一天，跟小舅子出去抓魚，但卻沒有到海邊，而是帶著小舅子往草叢的方向去，小舅子感覺很奇

怪。到了快要中午的時候，福通還睡在大樹下面。小舅子十分緊張，沒有魚怎麼迎接從家裡送飯的人來煮魚呢？就一再告訴他說：「快要中午囉！我們快點去抓魚。」福通看太陽也差不多了，就叫他的小舅子說：「你把網撒到你的前面去。」小舅子感到奇怪，沒有水呀！當他一撒過去，網就掛在樹叢上面。再試一次也是同樣的情形。福通就拿著網，往前面一撒，奇怪的是網一落下來，完全是落在水面上的聲音。後來福通一拉網，幾乎拉不動，小舅子也幫他拉，拉上來的時候，整個網裡面都是魚，而且不是小魚，都是一斤以上的大魚。後來他們就帶著這一網的魚回去部落指定的地方煮魚，但村民覺得奇怪，這麼多魚是在哪裡抓的？部落的人就發現福通跟一般人是不一樣的。

福通在岳父母的家裡，整天都在做陀螺。岳父母問他：「你做陀螺幹嘛？」他一句話也不說，仍然做著陀螺。當別人都去開墾，準備種小米、旱稻，福通仍然在做陀螺。當陀螺做到一個牛車的數量以後，他把陀螺運到野外寬闊的地方，據說是在現在的美崙工業區那裡。他把陀螺排成一直線，將陀螺一個個打轉，陀螺就開始往地底下去鑽，把整片地的樹根、草根全部鏟起來。那天烏雲密佈，灰塵滿天飛，全部落的人覺得奇怪，怎麼有嗡嗡嗡的聲音，天空都暗暗的，部落的人都去圍觀，小舅子就告訴村民說：「這個是福通的陀螺在地裡面開墾。」大家都不相信，但是小舅子也沒辦法解釋，因為一般人是沒有辦

法做到的。整個荒地開墾完後，突然間草木都往四周圍堆起來了，人們並沒有看見這個陀螺什麼時候把樹幹弄到旁邊的，整片土地清潔溜溜的，大家都感覺到太神奇了。

到了要種稻或是小米的時候，福通卻種了絲瓜、胡瓜、南瓜。整個田都是一排排的瓜。岳父母就覺得奇怪，大家也議論紛紛，但福通還是按照自己的方式做。到了要收割的時候，整個族人都開始抽拔稻穗或是小米穗，一綑一綑的綁起來。岳父母一直責怪女婿為什麼不聽從老人家的勸，人家收割的東西已經堆滿了整個院子了。後來福通把瓜一堆堆擺在院子裡，拿了番刀先把南瓜打開來，打開來後居然全是小米。剖了胡瓜，胡瓜一打破，裡面竟然都是糯米。最後他把絲瓜剖開，絲瓜裡面都是旱稻。有了這三種不同的米後，全村的人就一起在福通所開墾的地耕種。

講述：黃金文

時間：2007 年 4 月 15 日

地點：花蓮市國福里社區活動中心

採錄：黃嘉眉

情節單元：

（六）

　　福通的太太懷孕了，到了快要生產的階段時，他向所有的
族民宣告要離開這裡，回到他自己的故鄉去，但是誰也不知道
他的故鄉在哪裡。福通離開之前，向大家說：「我離開這裡後，
我捉魚的地方，就是將來你們捕魚的地方，以後你們要好好的
察看；而我去開墾的地方，就是將來你們種小米或是糯米的專
業區。希望你們不要離開這個地方，以後子子孫孫都在這裡。」
後來福通就往南離開了，他到舞鶴臺地停留了一段時間，就在
臺地上面立了一個石頭做樓梯，這個樓梯相當高，只看到穿過
雲端看不到樓梯的頂端。福通跟妻子說：「爬這樓梯很辛苦，
你還是留在這個地方，你不適合我的家族，你留下來，不要跟
著我。」福通的妻子一定要跟福通上去，福通沒有辦法拒絕，

就告訴她：「當你爬樓梯的時候，絕對不要嘆氣。絕對不能出聲音，如果嘆氣的話，可能會流產。」她答應了。

他們一直爬到最上面，福通已經在平地上面了，太太的一隻腳踩到上面，另一隻還踏著樓梯，這時她忍不住嘆了一口氣，「嘩～」一聲，她肚子裡的孩子馬上掉下來，變成蛇、蠍、蜈蚣這些有毒的動物，有毒的動物幾乎就是在那個時候才產生。福通後來又下來，在樓梯上大喊：「撒奇萊雅族民，從今以後你們工作的時候要特別小心，身邊可能有毒物會咬你們，尤其是蛇、蜈蚣……會在你的四周，要特別小心。」講完以後就上去了。從此以後，族人再也沒有看到福通及他的老婆了。

福通離開後 3、4 年，當初福通抓魚的草叢形成了一個池塘，撒奇萊雅的祖先把這個湖泊命名為「馬魯安阿暗」，意思是「天賜之湖」，是上天給我們的湖，自然的漁場。部落的族民來抓魚，就如同福通所講的，抓到不少的魚。撒奇萊雅抓魚的方式是把所有的草堆綑成像滾輪一樣，一直推，慢慢圍在中間，魚會集中，再用魚網去撈。撒奇萊雅世世代代都在那裡抓魚，漁獲相當豐富。自從空軍建營，將它填平了以後，才沒有魚可抓。

福通用陀螺所開墾的田地，就變成了撒奇萊雅的糯米專業區，稱為「吉巴奈暗」，意思是「種糯米的地方」。糯米專業區形成之後，撒奇萊雅就在這裡分工合作，頭目把這塊地，按照人口的多寡分配給每個家族，已經有土地的就不再分配。從此

以後，祖先把福通視為撒奇萊雅農務的祖先，在過去有巫師的時代裡，每年都會有一個祭拜祖先的儀式，族人也把福通當作神祭拜。

講述：黃金文
時間：2007 年 4 月 25 日
地點：花蓮市國福里社區活動中心
採錄：黃嘉眉、陳文之、趙御均

情節單元：

A2140.1.　　　（有毒爬蟲類的由來）*

A2145.　　　　（蛇的由來）

（七）

福通是神鬼的小孩，他出現在部落唯一的水井裡。有一次，婦女們正彎著腰用瓜瓢舀水時，井裡突然冒出一顆頭，其他的婦女都說：「有鬼、有鬼」，都跑掉了。每次舀水總是排在最後的女孩咕嚕蜜（Kulumi），又不得不去提水，只好勉強地

去到水井邊。福通跑出來對咕嚕蜜說：「不要害怕，好嗎？」咕嚕蜜並不害怕。福通和咕嚕蜜二人談話聊天，可能彼此心意相合，福通就跟咕嚕蜜回家，成了夫妻。

鬼是不善於工作的，可想而知，咕嚕蜜的家人非常討厭福通，常對福通說些難堪的話，福通不理會這些。每當早上，撒奇萊雅的婦女成群結隊地到井邊提水，福通就和她們遊玩。

到了開墾的季節，福通不去開墾，反而準備做陀螺。岳母罵福通：「做陀螺有什麼用？」福通什麼話都不說。等時候到了，福通進屋裡做陀螺就不再出門。岳母看福通不出門，就去探看他在做什麼。一看福通沒有在做事，又開始罵他。一段時間後，福通把做好的陀螺挑到田裡，將陀螺打在田裡轉啊轉，一下子就除好草。鄰居告訴福通的岳母：「你女婿做的陀螺會除草，你快去看看。」岳母說：「騙人的啦、騙人的啦。」鄰居還是要她去看看。岳母去到田裡看見福通把草除的很乾淨，開墾了將近一甲的地，心裡很高興。

到小米播種的時候，咕嚕蜜和母親到田裡去撒小米種子，福通還是沒去幫忙，岳母生氣的罵福通：「好不容易開墾了一甲地，又不來幫忙播種。」之後福通在田裡種了白色、綠色的匏仔，岳母一看，又罵他：「那什麼？種什麼匏仔？難道整天都要吃匏仔嗎？」

別人開始收割小米了，福通也沒有去幫忙收割，當然又遭到老人家的責罵。等到匏仔熟了，福通呼喚部落的青年幫忙工

作。一些人來到福通這裡，連較低年齡層的青年也來了。大家
納悶福通有什麼工作需要幫忙，心裡其實是認為福通不過只是
嘴上號召大家過來，不是真的有什麼正經的事。青年們問福
通：「我們要做什麼？」福通說：「因為匏仔已經熟了，我們要
去採收。」有 20 位青年跟著福通到了田裡。福通請 10 個青年
各拿一個白色匏仔，另外 10 人各拿一個綠色匏仔，成群結隊
的回去了。

　　福通要他們將白色的匏仔放一堆，綠色的匏仔放一堆，「不
要混在一起唷！你們年輕人圍成一圈，仔細看著，我要剖開匏
仔了。」首先剖開白色的匏仔，裡面全都是小米，而且是已經
舂好、曬乾的小米。接著剖開綠色的匏仔，一剖開裡面全都是
小麥，有一部分拿去碾殼、存糧用。福通又對著四個人說：「你
們跟著我走。」大家都不知道福通要做什麼，還是很認真的準
備了竹簍，跟著福通去了。

　　福通帶他們去竹林，要他們砍竹子：「要很直的喔！」他
們砍了一支以後，福通要他們再砍一支。砍好竹子帶回部落，
福通說：「我要剖開這竹子，小心不要讓牠跑了。」這竹子裡
面有隻豬，另外一支竹子也是一樣。他們把豬和米做成了午餐。

　　割稻之後是捕魚祭，部落的人一大早就去捕魚，只有福通
還在縫補魚網。咕嚕蜜的家人很生氣地問福通什麼時候才要去
捕魚，福通的姊夫阿里（Ali）也催促他。福通說：「那麼著急
做什麼？部落的人一定抓不到魚，我們會是抓最多魚的人。」

接近中午時，福通跟阿里說：「走吧！」二人直奔現在花蓮美崙大理石工廠一帶。福通對阿里說：「部落的人哪抓得到什麼魚？一定只有我們抓得到魚。你快去揀木材來升火、燒水，我一個人去捕魚就夠了。」福通去到一處無人知曉、水從地底冒出來的地方撒網捕魚。阿里想看福通如何捕魚，很認真又快速的找了木頭回來，但火還沒升起來，福通就捕了很多魚回來。

　　捕魚祭結束後，福通在天上的父親，知道咕嚕蜜的家人對福通很不友善，要福通趕快回家。福通對懷了孕的咕嚕蜜說：「我真的該回去了。剩下的鮑仔就讓部落的青年依照我的作法處理。」咕嚕蜜想了一想，要求跟福通一起回家。福通說：「不行，你不能跟著我。」咕嚕蜜還是堅持跟他回家。

　　福通回家前召喚族人。族人一聽福通呼喊便說：「那鬼怪的人，不知道又有什麼事情？」等族人前來聚集後，福通對所有人說：「我在這裡的生活到此為止了，我要回去了。」說完後，天上降下一個讓福通爬回家的梯子。福通叮嚀咕嚕蜜不能發出任何聲音，二人便爬上梯子。就在咕嚕蜜一腳踏到天上，另一腳還在梯子上，差這一步的距離時，咕嚕蜜呼了一聲，人就從天上掉了下去、死了。福通丟下一顆石頭作為她的枕頭，肚子裡的小孩變成了蛇，大地開始有蛇的出現。福通爬回家的梯子斷成二截，遺跡在瑞穗。

講述：林黃秀菊
口譯：林秀妹、黃秀英
時間：2010 年 11 月 24 日
地點：花蓮市林秀妹家中
採錄：蘇宇薇、賴奇郁
翻譯：孫生義

情節單元：

A2145.　　　　（蛇的由來）
D950.15.1.　　（神奇竹子內有豬）*
D973.1.2.　　 （瓜類神奇產出穀類）*
F681.10.1.　　（陀螺快速整地）*

（八）

　　福通是一個很帥、很高、有力量、半人半鬼的男孩子，女孩子都喜歡他。部落裡有一位漂亮的女孩，女孩的父親宣布要招贅一個最強、最勇敢、最帥的男孩。有很多人來報名，這父

親一直觀察這些男孩子，卻沒有中意的人。直到女孩的父親說要舉辦賽跑，跑最快者就入贅給漂亮的女孩，福通才現身報名。福通很輕鬆的得到第一名，入贅到女孩家。

　　當每戶人家從早到晚用犁開墾耕地時，福通不去耕地，每天只在家做陀螺。鄰居問福通的岳父何時要開墾，岳父回答：「不知道啊，我的女婿每天做陀螺，不知道有什麼用？」到了要插秧的時候，福通直到前一晚才開始墾地。他將陀螺打在田裡，一個晚上就將田開墾得清潔溜溜。隔天鄰居見到福通開墾得又快又好，都很驚訝。接著鄰居們清裡田地裡長出來的雜草，福通的田卻沒有長雜草。鄰居好奇地問福通的岳父，岳父說：「田是我的女婿開墾的，我不知道為什麼沒有長雜草。」

　　接著要收割稻子，別人家將稻子一把一把地割下、帶回家，福通則在家睡覺。之後，福通找很多人幫忙工作，岳父、岳母問福通：「找那麼多人做什麼！大家吃飯都有問題了，誰還有空幫你？」一些族人前來幫忙福通工作，他帶領著來幫忙的族人去砍二支竹子。福通把一支竹子剖開，裡面有已經煮好的米飯，他請太太將米飯分給來幫忙的人吃。但是有飯卻沒有菜，福通又剖開另一支竹子，這竹子裡面有豬，大家殺豬來吃，飯菜多到所有人都吃不下。大家想不到竹子裡會有飯和豬，搞不懂福通是人還是鬼。

　　割稻子之後是農閒時間，福通的妻子懷孕快要生了，岳父、岳母要二夫妻回福通家去玩、去休息。福通知道妻子看到

他的房子那麼漂亮，一定會高興的叫出聲來，於是告訴妻子看
到他住的部落，不可以說話、不可以出聲。在離福通家還有一
步時，妻子看到漂亮的房子，「哇」的叫了一聲就掉下去了，
死掉了。妻子的肚子裡全都是蟲，福通用大大的鍋子蓋住她的
肚子。

講述：黃光枝

時間：2010 年 11 月 29 日

地點：花蓮市黃光枝家中

採錄：賴奇郁

情節單元：

D950.15.1.	（神奇竹子內有豬）*
D950.15.2.	（神奇竹子內有米飯）*
F681.10.1.	（陀螺快速整地）*

（九）

福通是從天上來的男子，長得很帥，也很會講話。他愛上

一個叫做咕嚕蜜的漂亮阿美族女生，二人生活在一起。到了開墾的季節，部落中的男人都去開墾農地，福通卻在家做陀螺。岳母要咕嚕蜜勸福通去工作，咕嚕蜜說福通知道自己在做什麼。福通一天做一個陀螺，做好就放在背簍裡。岳父、岳母對福通不出門去工作感到生氣。岳母問福通：「你在做什麼？別人都去工作了，你為什麼沒有去？」到了第四天，福通要帶著四個陀螺去田裡，岳母又說：「四天的時間，別人已經把地開墾得很乾淨了。你現在去能做什麼？」福通還是到田裡去了。鄰居聽到福通的田地發出「嗡……嗡……」的聲音，眾人都不知道是怎麼回事。再看，福通的田已經除好草。鄰居跟福通的岳母說：「別人四天才能除好草，你們一天就除好了，是怎麼做的？」岳母不相信，鄰居要她岳母自己去看。岳母去到田裡一看，果真草都除好了，也就對之前罵福通的行為感到不好意思。

之後，大家見福通種匏仔、南瓜，沒有種小米。岳母聽說後又到田裡一看，生氣的問福通：「你種這什麼東西啊？」到了稻米收割時，福通卻是收割很大的匏仔、南瓜。福通請人來幫忙採收，岳母又說：「別人是拿米，福通拿匏仔能做什麼？」雖然是這樣，岳母還是讓福通把作物帶回家了。很多人一起幫忙把大匏仔、南瓜搬回福通家。

一星期後，福通在屋外要剖開匏仔、南瓜，岳母因為福通沒有拿米回來，就不理會他。福通從匏仔、南瓜裡刮出很多不一樣的米。岳母一看到有很多米，高興的哭了。福通將不同的

米先後放進倉庫裡，休息了一下。這時婦女要禱米作飯，但是有米沒有菜。福通去取了大竹子回來，跟眾人說：「注意喔！你們要幫我抓住竹子裡的東西。」他一剖開竹子，有小豬跑出來，大家忙著幫忙抓豬、料理豬肉。有人也想剖開大竹子，看看是否會有食物，但是剖開卻沒有東西。

　　大約一星期後，福通跟咕嚕蜜說他要回家，咕嚕蜜要求跟福通一起回去。但是咕嚕蜜懷孕、肚子大了，福通不讓她跟，咕嚕蜜還是要跟他一起去。福通答應讓咕嚕蜜跟著回家，但是要她在回家的路上不可以出聲，即使很累也不可以出聲。就在離家一步的地方，咕嚕蜜嘆了一口氣，就掉下去了。過了一段時間，有蟲子從咕嚕蜜的肚子跑出來，這就是為什麼世界上會有蟲的原因。

講述：孫來福
時間：2010 年 12 月 1 日
地點：花蓮市孫來福家中
採錄：蘇宇薇

情節單元：

A2182.　　　　　　（蟲的起源）

D950.15.1.　　　（神奇竹子內有豬）*

D973.1.2.　　　（瓜類神奇產出穀類）*

F681.10.1.　　　（陀螺快速整地）*

18. 妖怪阿里嘎蓋（十九則）

（一）

阿里嘎蓋是一群人，住在山興里第八鄰，會法術，能把天變暗、變亮。他們跟一般人一樣會耕作，耕作的地方有很多石板，現在還找得到。阿里嘎蓋有男有女，他們平常以騙術為主。譬如女的阿里嘎蓋，會變成一個媽媽的形象，幫孩子哺乳，在哺乳的過程中就會慢慢把孩子的內臟吃掉。後來他們不知怎麼被趕到海邊，他們身材很高，過海的時候，海水也只到他們的膝蓋而已。

嘎造（Gatsao）和李信（Lishin）是他們的後代[1]，後來到了花蓮。後代的長像就像外國人一樣，有點像荷蘭人。因為阿里嘎蓋以前住過這裡，所以這個部落叫做吉拉卡樣。

---

[1] 李信，南部阿美族相傳為祭儀的創立者。

講述：劉天來

口譯：張少清

時間：2008 年 7 月 21 日

地點：鳳林鎮山興里

採錄：黃嘉眉、王人弘

情節單元：

D94.1.	（巨魔變為人）
D2146.2.7.	（用法術使天變暗、變亮）*
F531.3.1.6.	（海水僅止於巨魔膝蓋）*
G11.2.	（吃人巨魔）
K2011.1.2.	（偽裝成母親殺其嬰）

（二）

　　這是發生在現在山興里第八鄰所在地的故事。阿里嘎蓋最初來到部落的時候和族人和平相處，並沒有產生衝突。但因為他們有吃人的壞習慣，尤其喜歡吃小孩子，還會欺負婦女。因

此，部落的男人認為他們已經影響了部落的生活，就想辦法要把他們趕走。但是部落裡有的武器他們也有，兩邊發生了很多次的戰役，但部落人就是打不贏他們。

　　阿里嘎蓋外表長得和一般人一樣，他們會偷天換日，當部落豐年祭或有重大的活動時，部落的男人會到山上狩獵或是採一些黃藤、野菜。男人一大早就會上山，婦女就要在家準備好糯米飯，等大家回來的時候再一起慶祝。阿里嘎蓋知道後就開始作法，讓天氣漸漸昏暗，婦女看到以為是黃昏，家中男人快回來了，就趕快把糯米飯做好，阿里嘎蓋就化身成為部落男人的形象回家，男人和女人都聚在一起慶祝。阿里嘎蓋化身的丈夫還和妻子行房，等到婦女睡著了，他們又作法變為原來的白天。真正上山打獵的丈夫回來了，發現妻子還在睡覺，也沒有準備好糯米飯，才知道是阿里嘎蓋作法。他們覺得阿里嘎蓋很過份，於是想盡辦法要趕走他們。

　　又有一次，有一個婦女在河邊洗衣服，阿里嘎蓋覺得有機可趁。但那個婦女正好月經來了，在洗月經帶。婦女被阿里嘎蓋嚇到，就拿著月經帶揮舞。阿里嘎蓋從來沒有看過月經帶，以為是很厲害的武器，他們很害怕，以為即將會戰敗。後來他們就作法使房子和器具跟著他們，沿著東邊的方向過海。他們可以伸縮自如，會很強的法術，過海的時候，不管走到哪裡，海只有到他們的腰際。

　　他們欺負部落婦女後留下了和阿里嘎蓋一樣有自然力的下一代，男的女的都有，就是我們的巫師。巫師大部份都是阿里嘎蓋和一般凡人結合的下一代。但並不是每一家都會出現這樣的人；它可能是隔代的，很自然的就有了，不用透過學習。

　　講述：張少清

　　時間：2008 年 5 月 21 日

　　地點：鳳林鎮山興里

　　採錄：李岱融、黃嘉眉

情節單元：

D658.2.	（幻化為女夫以成其姦）
D2146.2.7.	（用法術使天變暗、變亮）*
F531.3.1.5.	（海水僅止於巨魔腰際）*
F611.1.7.	（人與巨魔產下擁有神奇力量的後代）
G11.2.	（吃人巨魔）

（三）

阿里嘎蓋很壞，他們長得像人一樣，但卻是半人半魔鬼。他們不像普通魔鬼嚇嚇你而已；他們會把白天變成晚上，離開的時候又變回白天。也會把小孩騙到池子的中央或是樹上。以前瑞穗就有阿里嘎蓋，很愛找我們的麻煩，後來就被部落的人趕出去。他們離開的時候，留下了二根木頭柱子，但木頭柱子後來變成了石頭。這是我阿公（祖父）告訴爸爸，爸爸再告訴我的。

以前大家還沒有信天主教、基督教的時候，有很多魔鬼，像塔達塔大和阿里嘎蓋，他們都是鬼，只是各地區說法不同而已。

講述：張錦城

時間：2008 年 4 月 17 日

地點：鳳林鎮山興里

採錄：黃嘉眉、李岱融

情節單元：

D454.23.　　　（木柱變石頭）*

D2146.2.7.　　（用法術使天變暗、變亮）*

（四）

　　阿里嘎蓋是我們祭拜的神明之一，他教我們怎麼祭天地，指導我們怎麼去祭拜祖先。阿里嘎蓋本來也是一般人，他是部落的管理者，長得很高大，但因為做出侵犯部落的行為，最後被部落的人趕走逃往東方海邊，他走過海的時候，海水只到他的膝蓋，可見他非常高大。阿里嘎蓋犯錯離開部落後，去投靠海神卡飛特（Kafit）。卡飛特說你要投靠我，要聽我的。但卡飛特其實不是非常喜歡阿里嘎蓋。據說後來阿里嘎蓋出現在台東一帶。

講述：陳華貴

口譯：蔡金木

時間：2008 年 6 月 11 日

地點：壽豐鄉水璉村

採錄：黃嘉眉、李岱融

情節單元：

　　A1546.　　　　（祭祀的由來）

　　F531.3.1.6.　　（海水僅止於巨魔膝蓋）*

（五）

　　阿里嘎蓋、哈呆哈黛（Hadaihadai）都是精靈，平常我們不講這些故事讓小孩子害怕。阿里嘎蓋會騙人，他想要你的東西時，會先變臉來取得你的信任，以前老一代的人很生氣，曾經設陷阱抓到他們，他們就哭著請求釋放，後來往東方離去。他們原本居住在美崙山，形象和人一樣，但是會幻術，常常變成親人或鄰居的樣子騙人，取得信任。族人出海的時候會交待家裡做糯米糕準備回來時宴客，他會變成男主人的樣子欺騙他的妻子，有時候讓女主人失去貞操。他也會變成小孩的媽媽假裝要餵奶，騙揹著嬰兒的兄姊放下嬰兒離開後吃掉嬰兒的內臟。等到真正的媽媽要餵奶時，兄姊說不是才餵過了，才發現嬰兒已經變成屍體了。族人發現他們的惡劣的行為，做了米糕放進咒語打算讓他們吃了後受到傷害，於是族人設陷阱抓到他們後就拿米糕叫他們吃，如果不吃就要殺掉他們。阿里嘎蓋知道米糕中有咒語，說：「我們不吃，我們離開好了。」他們就全部離開了。我所知道的故事就到這裡。

講述：蔡火坤
口譯：蔡金木
時間：2008 年 6 月 11 日

地點：壽豐鄉水璉村

採錄：黃嘉眉、李岱融

情節單元：

D658.2.　　　（幻化為女夫以成其姦）

G11.2.　　　（吃人巨魔）

K2011.1.2.　　（偽裝成母親殺其嬰）

（六）

　　阿里嘎蓋是在美崙的故事。阿里嘎蓋又像神又像鬼，隨時會變成別人的樣子出現。他可以把白天變黑夜，或是裝成丈夫回家睡覺，但太太不知道是阿里嘎蓋就和他睡在一起。看到小孩子揹著嬰兒時，阿里嘎蓋就會裝成媽媽假裝要餵奶，趁機把嬰兒的腸子吃掉。阿里嘎蓋因為怕我們用蘆葦葉子做的東西（bulong），就從海邊離開，走到海裡的時候，海水只到了他的膝蓋。他後來就不再回來了。

講述：高賢德
時間：2008 年 4 月 23 日
地點：壽豐鄉水璉村
採錄：李岱融、黃嘉眉

情節單元：

D94.1.	（巨魔變為人）
D658.2.	（幻化為女夫以成其姦）
D2146.2.1.	（用法術把白天變夜晚）
F531.3.1.6.	（海水僅止於巨魔膝蓋）*
G11.2.	（吃人巨魔）
K2011.1.2.	（偽裝成母親殺其嬰）

（七）

阿里嘎蓋有三個子女，他們分別是卡達莫威（Kadamoway）、福通（Botong）、鏗朗（Kinglang）。阿里嘎蓋會法術，侵犯部落族人時會幻化為好幾個人。他的大本營在美崙山。

　　阿里嘎蓋很壞，專門吃嬰兒的內臟。有一個專門顧小朋友的老人家，家裏有許多小孩，阿里嘎蓋就把茅草屋撐開，把手伸進去抓小孩。老人很生氣，便做了一個像繩索的陷阱。當他手伸進來的時候就用力拉，把阿里嘎蓋的手弄斷了。但他用木柴代替他的手，離開的時候就說「拉崎 ─ 拉崎 ─ 」，可能是他們的哭聲吧。後來部落的人要趕他走，抓住了他，他說：「你們放我走！你們要殺我的話，不要把我的膽弄破。膽弄破了會對族人不好。我教你們怎麼做祭典。」就是與神溝通的儀式，因此才流傳了儀式和祭典。他從海邊離開，海水只有到他的膝蓋。

講述：蔡振南

口譯：蔡金木

時間：2008 年 5 月 28 日

地點：壽豐鄉水璉村

採錄：李岱融、黃嘉眉

情節單元：

A1546.　　　　　（祭祀的由來）

F531.3.1.6.　　　（海水僅止於巨魔膝蓋）*

G11.2.　　　　　（吃人巨魔）

G510.6.　　　　　（巨魔的手被繩索拉斷）*

（八）

　　阿里嘎蓋住在美崙山，長得很高大，經常出現在現在的忠烈祠那裡。他常來往花蓮、玉里，向人家要吃的。聽李校長說他從花蓮到玉里踩過的石頭有腳印[1]，現在石頭不知道在哪裡，但他爸爸曾經看過。阿里嘎蓋看到孩子的媽媽不在，就會抓小孩吃他的腸胃。他會先誘拐看顧嬰兒的大孩子，迷惑他的身心。後來被一個照顧孩子的女孩發現，有一個勇士就帶領幾個人去把他趕走。他往東方走去，很神奇的能在海上走。

　　講述：潘建憲

　　時間：2008 年 3 月 19 日

---

[1] 李校長，指李來旺（帝瓦依・撒耘，1931－2003），撒奇萊雅人，曾任水璉、立山、瑞西、月眉、秀林、太巴塱等國小校長，故人稱李校長。著有《阿美族神話故事》，交通部觀光局東海岸風景特定區管理處，1994 年 1 月出版。

地點：花蓮市花蓮教育大學

採錄：黃嘉眉、李岱融

情節單元：

A972.2.　　（巨魔腳印留在石上）

D2125.1.　（能行走於水面上的神奇力量）

G11.2.　　（吃人巨魔）

（九）

以前有一個巨人族阿里嘎蓋，他們人高馬大，眼睛是藍色的，眼珠子是碧綠的，頭髮是金色的。他們好吃懶做，專門去欺騙撒奇萊雅的族人，並佔據整個美崙山。巨人只吃嬰兒的內臟腸子，會易容成媽媽去欺騙揹著嬰兒的大孩子，假裝要餵奶，叫大孩子出去玩一玩，然後把嬰兒的肚子打開，把內臟全部吃光，又包起來再揹回給大孩子。真正的媽媽回來以後，小孩子說：「媽媽剛剛不是餵過奶了嗎？弟弟睡覺了。」媽媽才知道已經受騙了。

撒奇萊雅每年都有捕魚祭，所有的男人都要到河流、海邊去抓魚，抓完就在野外找一個空曠的地方跟家人煮魚用餐。有

一對年輕的夫妻，老婆相當的漂亮。年輕人認為將老婆留在家裡，自己去抓魚，再拿回來煮就可以了。年輕人一出去後，少婦在家裡感覺到太陽很快地往西邊下山了，她趕緊去做糯米飯、糯米糕，沒多久丈夫就回來了，是阿里嘎蓋假冒著丈夫的形象，帶著魚回來。到了晚上，夫妻兩人就上床睡覺，阿里嘎蓋達到騙色的目的，很快的又變成早上了。少婦就起床準備早餐，早餐完丈夫又出去了，沒有多久又傍晚了，因為太太認為已經過了捕魚祭，就沒有準備糯米糕、糯米飯。但是沒多久丈夫帶著好多的魚回來，丈夫問她：「你怎麼沒有做糯米飯？」少婦說：「我們昨天已經吃過了呀！昨天的魚都還沒有吃完，你又去捕魚。」這個時候才知道太太已經被阿里嘎蓋騙了。這件事只有兩夫妻知道。丈夫也沒辦法，最後只能原諒自己的老婆。

撒奇萊雅的頭目和耆老認為不能讓巨人一直來攻擊，就遷徙到達固湖灣，在美崙山西側。因為巨人會隱形，他們用刺竹把自己圍起來，巨人就沒有辦法遁形而入，只能從大門口進來，而大門口都有巫師，再怎麼遁形，巫師都會看得到，阿里嘎蓋才沒有辦法再騷擾撒奇萊雅人的生活。

阿里嘎蓋最怕大人的尿液。巫師要驅逐阿里嘎蓋時，就是用竹子製成竹筒裝尿液，竹筒上用布蓋著綁上繩子，將它一丟，尿液的味道就會滲到外面，阿里嘎蓋聞到味道就跑掉了。後來撒奇萊雅的巫師能力不夠，就聯合阿美族的巫師來驅趕阿

里嘎蓋。當阿里嘎蓋被巫師圍住的時候，請求巫師不要消滅他們，讓他們從這裡離開。巫師的領導者同意不傷害他們，他們就往奇萊平原走，往太平洋離開。阿里嘎蓋離開的時候，海水幾乎只有到小腿。從此以後，阿里嘎蓋就沒有再出現了。撒奇萊雅跟阿美族群也因此成為很好的夥伴。到現在，美崙山上還可以看到阿里嘎蓋留在石頭上的大腳印。

講述：黃金文
時間：2007 年 4 月 15 日
地點：花蓮市國福里社區活動中心
採錄：黃嘉眉

情節單元：

A972.2.	（巨魔腳印留在石上）
D94.1.	（巨魔變為人）
D658.2.	（幻化為女夫以成其姦）
D1825.3.	（異能可見隱形者）
D2146.2.7.	（用法術使天變暗、變亮）*
F531.3.1.7.	（海水僅止於巨魔小腿）*
G11.2.	（吃人巨魔）

G303.4.8.13.　　（惡魔隱身）

G514.　　　　　（巨魔被捕）

G571.　　　　　（法術驅惡魔）

K2011.1.2.　　　（偽裝成母親殺其嬰）

（十）

　　當族群全部在外工作的時候，老人怕小孩子會被阿里嘎蓋抓走，就把八歲以下的託在阿公（祖父）、阿嬤（祖母）的家裡，九歲以上小孩大部份都跟父母親工作。後來阿里嘎蓋來的時候，往屋頂上一踩，一個腳就踩下來。他拔起腳後，就伸出手要抓小孩。老阿公就叫年紀較大的孩子拿繩子把阿里嘎蓋的手綁起來，繩子固定後大家一起拉，所有的孩子全部拉著繩子，將阿里嘎蓋的手臂拉斷了。阿里嘎蓋尖叫一聲，後來就沒有再出聲了。小孩子都很怕另外一隻手是不是還會伸進來，結果沒有；阿里嘎蓋就坐在屋頂上說：「嚕兮 — 嚕兮（lucky-lucky），我這隻手雖然沒有了，但還可以用木頭來換。」老人認為，「嚕兮 — 嚕兮」這句話是指「太可惜了。」因為他就算手斷了還可以用木頭換，可惜的是抓不到小孩。

講述：黃金文

時間：2007 年 4 月 25 日

地點：花蓮市國福里社區活動中心

採錄：黃嘉眉、陳文之、趙御均

情節單元：

G510.6.　　　　（巨魔的手被繩索拉斷）*

（十一）

當撒奇萊雅族在美崙山東側的小米專業區幾巴努安種莊稼的時候，絕對不能用牛車載運，因為必須經過阿里嘎蓋部落那個少女被洪水沖走的低窪地。經過的時候，阿里嘎蓋就會隱身，從牛車上偷東西。後來老人就想辦法，按照巫師的方式，把莊稼綁得緊緊的，用挑的回來。

講述：黃金文

時間：2007 年 4 月 25 日

地點：花蓮市國福里社區活動中心
採錄：黃嘉眉、陳文之、趙御均

情節單元：

G303.4.8.13.　　（惡魔隱身）

（十二）

阿里嘎蓋就住在美崙山，他們能夠變大、變小，喜歡吃小孩子的內臟。有一個太太生了小孩，就叫小姊姊揹小孩，媽媽就出去工作。後來小孩哭了，阿里嘎蓋變成媽媽回來餵奶，餵完又給姊姊揹。後來真的媽媽回來要餵奶，姊姊說：「剛才不是吃奶了嗎？」媽媽打開襁褓看，發現小孩的內臟被吃掉了。這樣的事每天都發生。後來部落蓋了一間公用的房子，工作時讓小孩子在那裡。有一次，阿里嘎蓋的手要伸進去抓小孩吃，男人準備了很多藤條，把他的手綁了起來拉，他的手就斷掉了。

部落捕魚祭時，男性都會出門捕魚，太太要在家做年糕，這是撒奇萊雅的習慣。後來天色慢慢暗了，先生就帶著滿滿的魚回來了，夫妻一起煮來吃，吃完後就睡覺了。當太太睡熟時，天又慢慢亮了。當天真正黑的時候，真的先生回來了，太太才

091

知道剛才回來的不是她的先生，而是阿里嘎蓋。這樣的事很常
發生。後來部落裡有三個太太生了二個阿里嘎蓋的兒子和一個
女兒，兒子名字叫「都賴」、「嘎把阿」。

　　族人用各種的方式也沒辦法消滅阿里嘎蓋，後來巫師試著
用女生的月經或是染了月經的布來趕，阿里嘎蓋很害怕，決定
離開。他們開出條件，要族人一年一次以捕魚的方式紀念他
們，所以十二月都有一個捕魚祭。巫師要阿里嘎蓋往東走，他
們走的時候，海水只到腳那麼深。

　　講述：徐成丸
　　時間：2007 年 6 月 15 日
　　地點：花蓮市忠烈祠樹下涼亭
　　採錄：黃嘉眉

情節單元：

　　　　A1546.7.4.　　　（捕魚祭的由來）*
　　　　D94.1.　　　　　（巨魔變為人）
　　　　D658.2.　　　　　（幻化為女夫以成其姦）
　　　　D2146.2.7.　　　（用法術使天變暗、變亮）*
　　　　F531.3.1.9.　　　（海水僅止於巨魔的腳）*

G11.2.　　　　　（吃人巨魔）

G510.6.　　　　　（巨魔的手被繩索拉斷）*

G571.　　　　　（法術驅惡魔）

K2011.1.2.　　　　（偽裝成母親殺其嬰）

（十三）

　　阿里嘎蓋經常到部落裡做一些不好的勾當。他特別喜歡吃小孩。當小孩的媽媽在田裡工作時，他會變成小孩母親的樣子，騙哥哥說要給弟弟餵奶，就趁機會把小孩抱過來吃掉他的內臟。小孩死了當然就不會哭了，他就對哥哥說：「弟弟在睡覺，我要回田裡去工作了。」過了不久，真正的媽媽回來餵弟弟奶，哥哥說：「媽媽你剛剛不是餵過了嗎？」媽媽說：「我哪有回來？」哥哥說：「你剛剛回來餵過奶了，弟弟現在正在睡覺。」媽媽一看，小孩子內臟全部沒有了。

　　當男人在外面捕魚時，女人在家裡等候丈夫回來。阿里嘎蓋也會趁機把天變得很暗，女人覺得很奇怪為什麼一下子就天黑了，但心想天黑了丈夫就快回來了，就趕緊做飯菜。阿里嘎蓋變成的丈夫回家吃飯、睡覺離開後，真正的丈夫回來了，太太才發現被騙了。這種情形不只發生一次，很多次之後，大家才警覺到事情的奇怪。頭目瞭解後，召集村裡的男人，就在農

兵橋和阿里嘎蓋作戰。打仗的初期，我們不管怎麼打都打不贏，頭目很難過，就坐在一顆大石頭上面沈思，忽然聽到上面傳來一個聲音告訴他，要把蘆葦做成一種箭，或是斧頭的形狀，去跟阿里嘎蓋作戰，果然這些武器就把阿里嘎蓋打敗了。阿里嘎蓋請求不要對他們趕盡殺絕，讓他們有一條生路離開。阿里嘎蓋的領導者還說，如果每年捕魚時族人祭拜他們，就會讓大家豐收。後來阿里嘎蓋就從太平洋離開了。這也是現在有捕魚祭的原因。

講述：葛秋夫

時間：2007 年 10 月 25 日

地點：花蓮縣新城鄉北埔村

採錄：黃嘉眉、李岱融

情節單元：

A1546.7.4.	（捕魚祭的由來）*
D94.1.	（巨魔變為人）
D658.2.	（幻化為女夫以成其姦）
D2146.2.7.	（用法術使天變暗、變亮）*
G11.2.	（吃人巨魔）

G571.　　　　　　（法術驅惡魔）
K2011.1.2.　　　　（偽裝成母親殺其嬰）

（十四）

　　以前在花蓮市有很多阿里嘎蓋。有一位婦女在田裡面工作，鋤草。她的大女兒就揹著妹妹，後來因為妹妹一直哭，便帶去找媽媽。阿里嘎蓋變成的媽媽就說：「小孩子一直哭，你沒有帶來給我餵奶！」姊姊說她忘記了。假媽媽就叫姊姊去找東西，姊姊回來看到妹妹睡著了就揹回去。後來真正的媽媽回來了，罵她的大女兒說：「你為什麼那麼久沒有帶小孩來給我餵奶！」大女兒說：「不是已經吃過了？」媽媽發現小孩的肝被阿里嘎蓋吃掉了。

　　阿嬤（祖母）說她們以前在鋤草種花生的時候，阿里嘎蓋變成的山豬會在田旁邊，她們就用小小的石頭丟山豬！打到山豬的背上，牠就一直跑。真正的山豬看到人早就跑掉了，只有阿里嘎蓋變成的山豬要丟石頭才會跑走。

　　以前天氣很熱，年輕人喜歡在外面睡覺。有一天，晚上大概 12 點、1 點的時候，有兩個阿里嘎蓋要把部落裡一個睡在外面的年輕人抬回去。他們抬的時候會先把人身體麻醉，後來因年輕人小便，阿里嘎蓋就把他丟在草地上。年輕人醒過來看

到周邊有很多雜草，覺得很奇怪，認為自己是被阿里嘎蓋帶到
這裡的。

　　媽媽說過，阿里嘎蓋也會把小孩子吊到樹上。

　　講述：陳德生

　　時間：2009 年 4 月 18 日

　　地點：瑞穗鄉掃叭部落

　　採錄：黃嘉眉、王人弘、蘇羿如、王佳涵

情節單元：

　　　　D94.1.　　　（巨魔變為人）

　　　　D94.2.　　　（巨魔變山豬）*

　　　　G11.2.　　　（吃人巨魔）

　　　　K2011.1.2.　（偽裝成母親殺其嬰）

（十五）

　　阿里嘎蓋住在現在美崙山忠烈祠，長得很高大，很壞，會
變成人的模樣騙人。以前有個媽媽要哥哥幫忙照顧弟弟，就出

去工作了。阿里嘎蓋變成媽媽的樣子到家裡來，跟哥哥說：「我要給弟弟餵奶」，但不是真的給小孩餵奶，而是把小孩的腸子拉出來吃掉。媽媽覺得小孩怎麼那麼久都沒有哭，回到家裡跟哥哥說：「把弟弟抱來我要餵奶。」哥哥說：「你剛剛不是回來餵過了？」才發現小孩已經死了。

　　以前工寮旁會有個茅草屋，大人在工作時，會把小孩放在茅草屋裡，像現在的幼稚園一樣。有次阿里嘎蓋從屋頂上伸手下去抓小孩，屋裡很多小孩一起用力抓住阿里嘎蓋的手，叫著：「拉、拉、拉、拉……」就把阿里嘎蓋的手給拉斷了。阿里嘎蓋說：「那隻手算什麼！拿木頭來換就好了。」就用海邊的漂流木充當手。

　　部落在割稻之後會舉行捕魚祭，男人們一大早就要到美崙溪去捕魚。阿里嘎蓋趁著部落的成年男子去捕魚時，把白天變黑夜，還變成丈夫的樣子到部落欺負婦女、佔便宜，結束後又把夜晚變成白天就離開了。婦人的先生在天黑的時候回到家，太太說：「你剛才不是回來過，怎麼現在又回來？」丈夫說：「呀！不是我，那一定是阿里嘎蓋來欺騙人。」因此，族人決定要把阿里嘎蓋趕走。阿里嘎蓋被趕往海邊，頭也不回的走掉了，聽說是走在海面上離去。

講述：林黃秀菊

口譯：林秀妹、黃秀英

時間：2010 年 11 月 24 日

地點：花蓮市林秀妹家中

採錄：蘇宇薇、賴奇郁

翻譯：孫生義

情節單元：

D94.1.	（巨魔變為人）
D658.2.	（幻化為女夫以成其姦）
D2125.1.	（能行走於水面上的神奇力量）
D2146.2.7.	（用法術使天變暗、變亮）*
G11.2.	（吃人巨魔）
G510.6.	（巨魔的手被繩索拉斷）*
K2011.1.2.	（偽裝成母親殺其嬰）

（十六）

　　阿里嘎蓋是長得很高大的鬼，會騙人，住在美崙山。他一直在部落裡面找小孩，要吃小孩的內臟。阿里嘎蓋聽到有戶人家中有小孩的哭聲，就說：「哦！這小孩我要。」以前的房子是茅草屋，阿里嘎蓋把屋頂上的茅草拿起來，手伸下去拿小

孩，剛好這戶人家有很多人，大家一起拉阿里嘎蓋的手，把他的手拉斷掉了。阿里嘎蓋說：「你們拿走了我的手，我要用木頭補起來。」就跑掉了。

不到一個月後，阿里嘎蓋一直聽哪裡還有小孩的哭聲。有個媽媽要去田裡拔菜，跟姊姊說：「照顧一下弟弟，我等一下就回來。」那時候小嬰孩在睡覺，媽媽出去以後，阿里嘎蓋趁機變成媽媽的樣子，來到家裡跟姊姊說：「弟弟在那裡？我要餵奶。」其實他是吃掉小嬰孩的內臟。又跟姊姊說：「弟弟在睡覺，我要回去田裡。」阿里嘎蓋就跑掉了。等到媽媽回來後，姊姊跟媽媽說：「咦？媽媽剛才不是回來了？」媽媽說：「哪有？」媽媽知道是阿里嘎蓋來過，小嬰孩果然死掉了。

之後，部落裡的人結合巫師，告訴阿里嘎蓋：「你變成人的樣子，吃掉部落的孩子，所以不能再住在這裡。」他們將阿里嘎蓋趕到海邊。阿里嘎蓋走到海裡，海水只淹到他的腳踝。

講述：黃光枝

時間：2010 年 11 月 29 日

地點：花蓮市黃光枝家中

採錄：蘇宇薇、賴奇郁

情節單元：

D42.2.	（鬼幻化為人形）
E422.3.2.	（巨大的鬼）
F531.3.1.8.	（海水僅止於巨魔腳踝）*
G11.2.	（吃人巨魔）
G510.6.	（巨魔的手被繩索拉斷）*
K2011.1.2.	（偽裝成母親殺其嬰）

（十七）

以前大人出門去拔草、種田，小孩子就在家幫忙揹弟弟、妹妹。住在現在忠烈祠一帶的阿里嘎蓋像妖怪一樣會變化，聽說會在屋頂上挖洞，把手伸下來抓小孩。他還會變成媽媽的樣子，跟小孩說：「來、來、來、來，好一段時間沒給小嬰孩吃奶了，我餵一下奶。」小孩一看是媽媽，就把小嬰孩交給他。過一會，阿里嘎蓋說：「小嬰孩吃飽了，睡著了。」又把小嬰孩給小孩揹著。這小孩走著走著，看到自己的媽媽。媽媽問他：「你怎麼沒有把小孩帶來給我餵奶？」小孩回答：「媽媽你剛才餵過了，怎麼會沒有餵奶？」媽媽一聽，知道完蛋了，小嬰孩肚子破了，知道是阿里嘎蓋把小嬰孩的腸子吃掉、死掉了。

後來有人把阿里嘎蓋攆走。阿里嘎蓋過海的時候，海水只淹到他的膝蓋。

講述：鄭阿琴

時間：2010 年 12 月 2 日

地點：花蓮市鄭阿琴家中

採錄：賴奇郁

情節單元：

D42.2.	（鬼幻化為人形）
F531.3.1.6.	（海水僅止於巨魔膝蓋）*
G11.2.	（吃人巨魔）
K2011.1.2.	（偽裝成母親殺其嬰）

（十八）

　　阿里嘎蓋住在現在美崙山忠烈祠那邊，身體很高大。阿里嘎蓋像鬼，會變成小孩的媽媽，讓照顧嬰兒的哥哥以為是媽媽回來了，他會說要給小孩吃奶，然後吃掉嬰兒的內臟後，又跟

哥哥說：「小孩睡覺了」。等到真正的媽媽回來要餵奶時，才發現嬰兒已經被剖開肚子，肚子裡內臟都沒有了。最後阿里嘎蓋被日本人用槍炮趕往海邊，海水只淹到他的小腿。

講述：孫來福、孫生義

時間：2010 年 12 月 1 日

地點：花蓮市孫來福家中

採錄：蘇宇薇

情節單元：

D94.1.　　　　　（巨魔變為人）

F531.3.1.7.　　　（海水僅止於巨魔小腿）*

G11.2.　　　　　（吃人巨魔）

K2011.1.2　　　　（偽裝成母親殺其嬰）

（十九）

　　阿里嘎蓋是鬼，有很多個，身體很高大，外形會變化，有時候會和人講話，但是心卻很壞。阿里嘎蓋會趁媽媽出去工

作，姊姊幫忙照顧嬰兒的時候，變成媽媽的樣子欺騙姊姊，然後吃掉嬰兒的內臟。等到媽媽想起怎麼有一段時間沒聽到小孩哭聲時，才發現嬰兒的肚子被阿里嘎蓋吃掉了。最後阿里嘎蓋被日本人用槍炮趕到海裡，海水只有淹到他的小腿肚。

講述：王珠鳳

時間：2010 年 12 月 2 日

地點：花蓮市王珠鳳家中

採錄：蘇宇薇

情節單元：

D94.1.　　　　（巨魔變為人）

F531.3.1.7.　　（海水僅止於巨魔小腿）*

G11.2.　　　　（吃人巨魔）

K2011.1.2.　　（偽裝成母親殺其嬰）

19. 巨人都賴

　　作農的人會蓋一個倉庫存放玉米、小米。都賴體型很高大，但是很懶惰。他拿了擔子偷了兩座別人的倉庫，要從南部運到這邊來。到了中興村時，因為絆到石頭，不小心跌倒了，所以他跌倒的地方都是小米。由於附近都是小米，所以就叫作「吉哈法樣」，就在米棧村過去一點的中興村。

　　講述：徐成丸

　　時間：2007 年 6 月 15 日

　　地點：花蓮市忠烈祠樹下涼亭

　　採錄：黃嘉眉

情節單元：

　　　F624.6.　　　（力舉倉房）

20. 巨陰人

聽說村莊裡住著一個奇怪而高大的巨人，他的生殖器很長，不知道幾公尺，常常綁起來藏在身上。婦女每次洗衣服的時候，他一看到女孩子，就把生殖器放到婦女的前面。婦女看到說：「這是不是鰻魚，但又好像不是，因為會跳。」她抓起來就打下去，打得巨人痛的叫「噯呦」。婦女覺得好像是人的聲音。有一次，他在洗澡的時候，被人家偷看到了，知道就是他。

他還喜歡到山上吃藤心，帶彈弓打獵。他吃的菜就是藤心、鳥類等。人家問他用什麼抓，他說彈弓。有一次他到山上去，也不曉得被什麼追趕，突然從山上跑回來，他一緊張，繞腰的生殖器就掉下來拖在地上。很多正在工作的老人家覺得奇怪，他怎麼跑那麼快，地上拖得長長的不知是什麼？以為是蛇之類的，就開始追它。有個好奇的農夫也跟在後面追。巨人回到家裡就開始收他的生殖器，農人一看，原來那是他的生殖器。生殖器上有很多藤心的刺，刺得巨人很痛，當巨人拔起刺時，藤心刺就變成了針。後來他想村莊裡有很多衣服都破了，他就把針送給了婦女，婦女們都搶著要，也很感謝，對他就有了好感。

　　村莊每年都有娛樂比賽活動，婦女都會去參加跳舞。我們水璉要到豐田，那時候沒有橋，要走過一條河床。很多村人都出去玩，巨人沒有去。沒想到突然下起大雨，河水漲起來。等到他們從豐田回來的時候，就沒有辦法過河回家。巨人就在河邊等著，他把生殖器放下當作繩子說：「如果你們要回家就抓好。」他把村人一個個接回來，所以他對村莊有很大的貢獻，大家都很尊敬他。他過世以後，為了紀念他，就做了他最喜歡的彈弓。有些人會把彈弓做成生殖器的樣子，就是因為這樣。

講述：宋德讓

時間：2008 年 1 月 24 日

地點：壽豐鄉水璉村

採錄：黃嘉眉、李岱融

情節單元：

D451.2.5.　　　（藤心刺變針）*

F547.3.1.　　　（巨大的男性生殖器）

21. 矮人杜布案

杜布案（Toboan）是矮人的意思，喜歡成群結隊的出門。老人家在說這個故事的時候，是告誡我們不要像杜布案一樣成為流離失所的人。如果懶惰的話，就會像杜布案一樣沒有成就。因為杜布案只吸食米飯的蒸氣，所以老人勸我們不要像這類的人一樣只能吸空氣，要真正取得飽食。

講述：蔡火坤

口譯：蔡金木

時間：2008 年 6 月 11 日

地點：壽豐鄉水璉村

採錄：黃嘉眉、李岱融

情節單元：

F535.　　　　（矮人）

F561.4.1.　　（吸氣即飽之人）*

22. 掃叭石柱

　　阿里嘎蓋會變化，並不是定居在某一個地點。掃叭石柱是阿里嘎蓋留下來的遺跡。以前阿里嘎蓋還在島上和人民共同生活的時候，他們有很多傢俱，像杵和臼之類的，後來都變成了石頭，那個石柱就是杵。阿里嘎蓋離開的時候，他們用的傢俱就變化為石頭。杵、杯子和吃早餐的地方全部都變成了石頭。溪口那裡也留下了阿里嘎蓋以前做杵的石頭。那石頭的硬度是最好的，是我們現在做石杵最好的材料。

講述：蔡火坤

口譯：蔡金木

時間：2008 年 6 月 11 日

地點：壽豐鄉水璉村

採錄：黃嘉眉、陳文之、趙御均

情節單元：

　　　　D454.23.　　　（傢俱變石頭）*

案：阿里嘎蓋的故事通常不會提到掃叭石柱，此一說
　　法則較特別，因此析出獨立成說。

火神眷顧的光明未來──撒奇萊雅族口傳故事

· 民間故事 ·

23. 熊丈夫

　　有一個媽媽只生了一個女孩。當女孩已經長大成如花似玉的小姐時，有一隻熊變成非常英俊、很帥的男士，來追求這女孩。二人因為彼此心靈契合，成了夫妻。

　　他們成為夫妻後，男的一直住在女方家中，沒有想回家的樣子。岳母對這男的說：「你們該回家一趟吧！雙方家人也該互相拜訪，也去玩一玩。」男的回答說：「還沒到時候。」又過了一段時間，媽媽又跟這男的說：「回你家一趟吧！」就這樣重複地跟他說了幾次。這男的沒辦法，只好答應說：「好吧！那就回去吧！」於是帶著老婆直奔回去他家。

　　在回家的路上，女孩問他：「你們家在哪裡？」男的說：「在那一邊。」說完他們繼續走。走到了山邊，女孩又問：「你家到底是在哪裡？」男的還是回答：「在那一邊。」接著他們開始爬山，女孩再問：「你家到底是在那裡？」男的這次回答說：「在很遠的地方。」他們又繼續的爬山，爬了又爬。途中男的身體起了變化，開始長出毛來，此時已經變成了熊，女孩看到就「哇」的叫了一聲。

　　二人走到懸崖處，男的說：「我們在這裡休息一下吧！」這時男的連聲音也變得跟熊一樣低沉。二人捱著山崖邊才剛坐

下，已經變成熊的丈夫就呼呼大睡。女孩將他用力一推，推落山崖後，頭也不回的直奔回家。

女孩一到家就直嚷著跟媽媽說：「媽媽，媽媽，我的丈夫根本不是人類，而是一隻熊！」媽媽問：「你有到他家了嗎？」女孩回答：「沒有，在途中我就把他推落山崖。」媽媽說：「如果是這樣的話，就躲在這捆捲蓆裡，睡一下吧[1]。」這位母親將蓆子連同女孩捆捲起來，放到一旁。

過了很久，這男的又出現了，問說：「媽媽！媽媽！她回來了嗎？」媽媽回答說：「沒有啊，她不是跟著你一起回去？」男的說：「她已經先回來了。」媽媽又說：「不對啊！她沒有回來啊！」男的又問：「她到哪裡去了呢？」說完就坐在那捆蓆子旁，開始呼嚕呼嚕抽起香煙來了。等到香煙抽完了，他說：「媽媽，我要回家了。」這媽媽假裝不知情地說：「女兒不知道去哪裡了，到現在都還沒有回來。」男的就說：「那麼我要回家了。」說完就離開了。

這媽媽等到確定這男的離開、不見了，才過去叫醒女孩，這時女孩已經死了。原來這男的呼嚕呼嚕抽煙時，是在吃女孩的腸子。

---

[1] 講述者解釋：「以前老人家會製作一張曬穀子的蓆子，這蓆子能像捲香煙一樣地收納著。」

講述：林黃秀菊

口譯：黃秀英

時間：2011 年 1 月 5 日

地點：花蓮市林黃秀菊家中

採錄：賴奇郁

翻譯：孫生義

情節單元：

B651.7.　　　（與化為人形的熊結婚）

D313.3.　　　（熊變人）

24. 神奇的羽毛（二則）

（一）

　　一個英俊瀟灑的年輕人跟美麗溫柔的女孩子談戀愛，但是父母親不同意，兩個人就去尋死，突然間從地面上蒸發不見了，但是掉下來一根鳥的羽毛，被一個年輕人撿到了。他隨便地把玩羽毛，羽毛竟然會講話：「我原來是一個少女，因為我的父母親不肯讓我嫁給我的心上人，所以我就消失在人間，留下羽毛。你好好利用羽毛，它是有魔力的。」後來這個男孩子有任何需要的時候就告訴羽毛，要求什麼就有什麼，就變魔術一樣拿著羽毛說：「我要那個」，那個東西就出來了。

　　後來羽毛告訴他：「我不能再供應你什麼東西。我最後只能留下一把番刀給你，這把番刀非常尖銳，你走到那邊的山洞，如果你進去的時候，有輕微的震動，你就把刀拔一點點。在那裡你會娶到一個最漂亮的少女，從此以後你就要跟這個少女一起生活，你不要再要求我什麼東西，兩個人共同去創造自己的生活。」少年就照它的話做，一進去山洞裡面，稍微震動，他就把刀拔出了一點點，洞裡的蛇頭就斷了。他再進去的時

候，震動力更強，原來另外有一條大蛇在把關，他又把刀拉出來一點，大蛇就死了。他進去愈裡面的時候，震動力愈強，原來還有更大的蟒蛇在那邊，最後他把番刀全部拉出來，大蟒蛇就斷頭死了。

　　少年闖關以後，他面前比較小的一條蛇就變成一個漂亮的少女。原來這些蛇不讓少女離開山洞。後來他娶了少女回家，他的父母親都認為族裡面沒有那麼漂亮的少女，這些都是受到羽毛的幫助。

講述：黃金文

時間：2007 年 4 月 25 日

地點：花蓮市國福里社區活動中心

採錄：黃嘉眉、陳文之、趙御均

情節單元：

D191.　　　　（人變蛇）

F839.7.　　　（神奇番刀）*

F899.4.　　　（神奇的羽毛）*

（二）

　　有一個名叫「金里」的少女變成了羽毛，被一個困苦無依的少年撿起來。他撿到羽毛以後，就玩一玩放在身上，這時羽毛突然間講話，它說：「機不里啦嘎鉤」，就是「我是少女」的意思。大概十六、七歲的姑娘，叫「機不里啦」。

　　少女告訴他：「我知道你很窮，但是你可以用這隻羽毛喊出你要的東西。」少年本來不相信，後來想想反正也已經窮到這個地步了，不妨試試看。少年就使用羽毛小心翼翼的說：「我要一間房子。」突然間就像撒奇萊雅說的一句話：「克拉斯！」就是「從天掉下來的大聲音」，一間房子真的掉下來。

　　他也得到了一般撒奇萊雅人都會配帶的番刀。羽毛告訴他：「如果你碰到一些威脅到你生命的時候，你可以拿這個番刀做武器，如果拉出一點點，對方就可能受傷。如果番刀全部出鞘，威力相當強，甚至會讓對方喪命。」

　　少年知道有一個坑洞時常出現蛇，蛇神叫「達規」，他想為族群除害。達規時常出來吃雞，吃狗。為了要把蛇神消滅，他就帶著番刀進去洞中，一進去如果有震動的時候，就拔刀。進去的這段路程，他拔刀的程度從一點點到二寸、三寸，最後碰到蛇神的時候，刀就完全出鞘了。

　　其實蛇神是人變的。當他到坑洞裡面的時候，神蛇就告訴他：「你不要殺我，我是一個人，而不是真正的蛇。」後來少年並沒有殺牠，蛇神也答應不再抓狗吃雞了。

講述：黃金文

時間：2007年7月1日

地點：花蓮市受訪者家中

採錄：黃嘉眉、趙御均

情節單元：

25. 愛上少女的蛇

　　有一個少女，她帶著背籠到山上去挖地瓜。背籠放在樹蔭底下，她就開始挖地瓜。當她回來的時候，看到有一隻蛇，頭朝上盤在背籠裡面睡覺。少女嚇一大跳，沒想到蛇告訴她：「你不要怕。來這個地方是想要看你，因為我每天都看到你在這邊工作，我不會傷害你。」但少女反而更加懼怕，說：「蛇怎麼會講話？」她連聽都不想聽，背籠留在那邊就趕快下山，把經過告訴父母。

　　父母就跟著她到山上，但背籠裡什麼也沒有。少女說：「我明明在這個地方看到一條蛇，會講話的蛇。」父母就覺得奇怪，請了巫師來看。巫師到那個地方以後，就開始作法，這時蛇就出現了。蛇告訴巫師說：「我過去因為受到部落的歧視，沒有辦法在部落裡生活，所以我就離開了部落到深山，後來我就變成蛇了。」但是他很喜歡這個女孩子，每天都看到這個女孩子在這邊工作。他說：「我很喜歡她，我絕對不會傷害她，因為我也是人。」後來巫師就問：「你為什麼要變成蛇？」蛇告訴巫師：「因為我痛哭難過，慢慢就形成了一隻蛇。變成蛇以後，我又掙扎想要變成人，因為我喜歡人的生活，結果始終都沒有辦法變回人。」巫師問牠說：「你要不要變成人？」蛇說：「我

當然喜歡變成人啦，我就要跟我喜歡的少女在一起。」後來巫師問少女：「他如果變成人的話，你喜歡不喜歡？」少女說：「如果是人的話，我當然喜歡呀！可是他是蛇呀！不可能變成人呀！」巫師說：「我有辦法把牠變成一個英俊瀟灑的人。」因為他過去相當的醜，大家都不喜歡跟他在一起。

蛇要求巫師把牠變成人，巫師就唸法，但唸了幾次都不成功，一問之下，原來他的祖先想要把他留下來當蛇，因為他的祖先都變成蛇了。但少年很堅持他一定要當人不要當蛇。他的祖先就跟巫師講：「這樣好了，我這個孫子想要當人就讓他去吧！我不留下他。」於是巫師又開始唸法，突然蛇就直立起來，變成一個強壯的少年站起來。少女覺得很不可思議，有點害怕。少年接近少女的時候，少女並沒有反應。他們兩人的目光相對，結果兩人卻變成一對會飛的鴿子。從今以後，族人如果看到鴿子的時候，絕對不能射殺，捕鳥抓到鴿子一定要放走，以示撒奇萊雅對鴿子的愛護。

講述：黃金文

時間：2007 年 4 月 25 日

地點：花蓮市國福里社區活動中心

採錄：黃嘉眉、陳文之、趙御均

情節單元：

D154.1.　　　　　（人變鴿子）

D191.　　　　　　（人變蛇）

26. 蛇郎君

從前有一個村莊的頭目生了兩個女孩。女孩到了大約 18 歲時，也快出嫁了。妹妹覺得每天在家不好，就到野外摘了很多漂亮的花，想帶回家給姊姊看。在摘採當中，突然出現一條大蟒蛇，妹妹「啊」的大叫一聲。蛇居然說話了：「小姐小姐不要怕，你跟我來。」妹妹想，蛇怎麼會講話？「你如果跑掉，我要抓你哦！跟我來。」蛇帶她到一個大洞，叫她進去。當蛇進了洞裡，就變成了人。妹妹不太敢進去，裡面有亮亮的燈。蛇說：「進來呀！」妹妹一進去，看到的是一個英俊的年輕人。他說：「我就是剛才的蛇，但我其實是人變成的，為什麼變蛇？是因為怕外面的人誤解我，所以你不要怕。你來採花，就做我的妻子吧！這裡是我的家，要什麼都有，和你們一般人都一樣。」後來女孩想回家。蛇說：「沒關係，我送你回家。你拿了我的花，就成了我的妻子，回去告訴你的爸爸，他要什麼都可以。」

妹妹回家後，家人問「怎麼這麼晚？」但她沒有將事情告訴父母。隔天她又出去了。姊姊開始懷疑，妹妹每天都很晚回來，到底在做些什麼？她問：「妹妹，你每天都出去，那麼晚回來，是不是有男朋友？」誠實的妹妹說：「是的。」「你在哪

裡碰到的？這裡都沒有男孩子，你怎麼有男朋友？告訴我好不好？」妹妹說起了上次採花的事情，把地點也告訴了姊姊。「我採了蛇的花，蛇說就要嫁給牠。牠很大，我不敢反抗，後來跟著牠進了洞，蛇就變成了人。」妹妹說了經過後，引起了姊姊的妒嫉心。她想：「我是姊姊呢，如果爸媽知道妹妹有男朋友，我就真的丟臉！這樣不行。」她動了動歪腦筋，不曉得拿了什麼給妹妹吃，讓她昏昏的不舒服，待在家出不去。

　　後來姊姊叫妹妹帶她去那個有洞之處，又引誘妹妹到一個水井，敲昏妹妹使她掉入水井而死。大膽的姊姊已經知道了洞在哪裡了，就代替妹妹前往蛇的家。她一進洞裡，有一個青年說：「你回來了呀！我還沒吃飯，快煮飯吧！」姊姊說：「是！」但她根本不知道米和廚具放在哪裡。青年說：「你怎麼不知道？」姊姊說：「我忘記了嘛！」她慌了手腳。青年看看她的臉，覺得沒有不一樣，但有些懷疑。過了幾天，蛇發現他講過的事情姊姊常常忘記，但之前有很多的事情，妹妹一學就會。蛇想：「之前不會這樣呀？一定有什麼問題！」他走出去到水井邊，井裡的妹妹已經變成了青蛙，呱呱呱的叫。他想：「以前沒有青蛙，現在怎麼會有？」他把青蛙帶回洞裡，剛好姊姊出去洗衣服不在家。青蛙告訴他，牠才是他的妻子，是姊姊讓她掉入井裡的。姊姊回來之後，問青蛙從哪裡來。蛇說：「從水井抓出來的。」青蛙卻突然說話了：「姊姊，你很壞，你為什麼要把我推入水井……。」姊姊聽了很生氣，拿刀子打死青

蛙。蛇說：「你為什麼這樣壞心，牠是你妹妹！你心地真不好，我不想要你這個太太，你回去吧！」姊姊就走了！蛇將青蛙埋入土裡祭拜，土裡就長出了蔥。後來青年摘蔥吃，放的屁讓村莊很香，大家都很喜歡跑到花的附近去聞香味。

這個故事告訴我們，好人會有好報，不好的人會被趕走，不討人喜歡。不要有妒嫉心。

講述：宋德讓

時間：2008 年 1 月 24 日

地點：壽豐鄉水璉村

採錄：黃嘉眉、李岱融

故事類型：

433D　　　（蛇郎君）

情節單元：

D191.　　　（人變蛇）

D195.1.　　（人死變青蛙）*

E631.　　　（亡者寄魂於墓上生長之植物）

F1099.9.　　（放香屁）*

27. 青蛙的故事（二則）

（一）

　　有一對母女，女兒打水掉到井裡去，好幾天沒有回來，媽媽去井邊挑水，結果挑回來的水裡面有一隻「阿普—阿普—」（upup）叫的青蛙。媽媽就把牠煮來吃，吃完的骨頭就丟在外面地上。後來骨頭就變成桂竹，長出桂竹來，那家人就把桂竹做成椅子，但是奇怪的是，只要是家人坐在椅子上，就會相安無事。但是別人來坐，就會壞掉。所以以前家裡都會有用桂竹做的碗啊、櫃子。

講述：劉天來

口譯：張少清

時間：2008 年 7 月 21 日

地點：鳳林鎮山興里

採錄：黃嘉眉、王人弘

情節單元：

D195.　　　　　（人變蛙）

（二）

　　從前有一個少女和媽媽相依為命。因為以前取水都是一個人去，少女去取水時不小心掉到井裡去了。媽媽到處找不到她，擔心會不會掉到井裡去了？後來媽媽就去找巫師，巫師說：「你在水井附近，注意聽聽看，有沒有聽到什麼聲音？」過了幾天，媽媽身體好一些，就自己去取水。她在水井邊聽到「阿普—阿普—」（upup）的聲音。拉起水桶來，就看到青蛙在「阿普—阿普—」的叫。媽媽對青蛙說：「你如果是我的女兒就不要再叫了。」青蛙果真沒有叫。所以那時候的人就說，不要吃小女生變成的青蛙。但是現在還是有人會吃啊！

　　講述：劉天來

　　口譯：張少清

　　時間：2008 年 7 月 21 日

地點：鳳林鎮山興里

採錄：黃嘉眉、王人弘

情節單元：

D195.　　　（人變蛙）

E631.　　　（亡者寄魂於墓上生長之植物）

案：上列兩則人變青蛙的故事由同一講述者在同一天
　　講述，內容不盡相同。其中第一則出現連續變形
　　的情節。在漢族流傳的故事中，類似情節常出現
　　於蛇郎故事的後半，因此本書將此故事置於蛇郎
　　之後，以供參考。

28. 烏龜孩子

　　村莊裡有一對夫妻，已經六十歲了，看到別人有孩子覺得很羨慕。他們商量：「以後怎麼辦──沒有後代，誰來照顧我們的生活？誰先死也不知道。」太太說：「我們村莊裡有廟，去拜拜求一求好了。」先生說：「年紀那麼大，你可以嗎？」「有什麼關係，我們也需要小孩子；如果我死了，誰要照顧你？」他們就買了很多東西去拜，希望能夠懷孕有小孩。雖然年紀大了，但不管生什麼都沒有關係。

　　日子一天一天的過去了，還是沒消息。又去拜拜了幾次，不久太太的肚子大了。先生想：「是不是你胖了？還是真的懷孕了！」「可能是拜神後真的有孕了哦！我也沒做什麼呀！」太太也像一般人懷孕一樣，肚子愈來愈大了。先生說：「我的寶貝，什麼時候要生呀！大概也是十個月吧。」他們每天都很關心。

　　後來老太太生了，奇怪的是，居然生了一隻烏龜。烏龜很好養，只要放在有水的地方，丟一些飯就可以了，也不需要餵奶什麼的。但是老先生不高興了：「生烏龜有什麼用？又不會講話！」他搖搖頭。老太太說：「不要再怪了，這是神給我們

的，我們要好好照顧牠。」「說的也是。」後來也不管別人的閒話。

烏龜慢慢地長大，六歲的時候開始說話了。牠說：「爸爸，我六歲了，要去讀書了。」老先生說：「你怎麼去讀書呀？很危險的！」「陪著我去學校呀！」到了學校，老太太向同學說：「牠雖然是烏龜，但是會講話，你們如果欺負牠，可能會倒楣哦！因為牠是神賜的孩子。我那麼大的年紀要生孩子，也不是那麼簡單的呢！」所以大家聽了都很保護牠。牠也比別人認真，常常都是前三名，大家都很妒嫉牠。

六年級畢業後，烏龜覺得爸媽年紀很大，乾脆自己去做工好了。爸媽覺得不太放心。烏龜說：「沒關係，你給我準備便當就好了，放在我的背上，不用太多，一點點就好了。」牠向爸媽說再見後，就慢慢的走了。爸媽想：「這個孩子要到哪裡去工作呢？唉！」烏龜走一走，很奇怪的是，就變成人了。他把殼放在一邊，到工廠工作，大家也都很喜歡他。到了傍晚，他又變回烏龜回家了，遠遠的就說：「爸媽！我回來了。」牠說：「媽，殼上面的盒子裡有我的工錢。」阿婆一打開，裡面有好多錢！她對烏龜說：「是不是你偷的？」烏龜說：「不是，是工作賺的。」日子又一天一天過去，烏龜到了要當兵的年紀，但因為是烏龜所以不用當兵。

　　村莊裡每年都有歌仔戲團來演，阿公、阿婆一起去看[1]。阿婆看到臺上的人，心想：「如果我的小孩也像臺上的人那麼英俊就好了。」她的心裡覺得很難過。其實臺上演歌仔戲的人就是烏龜變的，但是家人並不知道。等結束的時候，他也趕快回來。阿婆回來後又感嘆了一次，這次烏龜聽到了，但是他沒有告訴爸媽，其實自己是可以變成人的，只叫他們放心。

　　烏龜後來在外面認識了一個女孩，談了戀愛。他叫女孩要每天煮三餐給家人，阿公阿婆起床後都覺得奇怪，怎麼會有飯菜，烏龜也不說話。他們又問鄰居說「有沒有人過來？」他們都說沒有。日子一天一天過去，每天都有煮好的飯菜，他們又問鄰居是不是有人幫他們煮的，大家都說沒有。他們開始懷疑了，決定要抓到煮飯的人。他們假裝要去山上做工，其實躲著偷看。看到烏龜變成了人，開始準備飯菜。等烏龜到了廚房，老人家就把他的殼給丟了，烏龜想要回去也沒辦法了。老人家把他抱著，感謝他所做的。他們說：「你不能再騙我了，原來你是人，殼我已經丟了。」「既然我不能再變成烏龜了，我準備要和小姐結婚。今天晚上如果有什麼聲音，絕對不要起來或偷看哦！不然我們就不會成功了。」他之前曾經對女孩說：「娶你之前，我一定把家裡的房子弄好再接你過來。」當天晚上，他將房子變得很漂亮，讓嘲笑他們的鄰居也感到佩服。所以這

---

[1] 阿公、阿婆，即老先生、老太太，此指烏龜之父、母。

個故事是說，不要輕視人。我們到了一個地方，被人家講話，不要去聽，只要做得對，一定會成功。

講述：宋德讓

時間：2008 年 1 月 24 日

地點：壽豐鄉水璉村

採錄：黃嘉眉、李岱融

情節單元：

D399.2. （烏龜變人）

29. 受虐的少女變老鷹（三則）

（一）

　　有二個女孩是朋友，她們互相到對方的田裡幫忙工作。其中一位女孩的後母，每次都送不好的飯給她們吃。另一位女孩的媽媽，都是送很好的飯。這樣的狀況持續一段時間，後母的小孩心想這樣不行，於是和朋友說：「朋友、朋友，我要去大便。」就到別的地方去，開始把身上的衣服切成一條一條的。朋友覺得女孩一直說去大便，到底有什麼事，就跟去看。她看見女孩用衣服做成翅膀，變成老鷹，對著她說：「朋友，再見，我要飛走了。」

講述：林黃秀菊
時間：2010 年 11 月 30 日
地點：花蓮市國福里社區活動中心
採錄：賴奇郁、洪縝育

情節單元：

D152.2.　　　　（人變成老鷹）

S31.　　　　　　（殘酷的後母）

（二）

　　有二個女孩一直互相幫忙對方種田、除草，以及其他的工作。其中一位女孩的親生母親過世了，家裡有一位後母。每當輪到前往這戶人家工作時，後母都送很粗糙的飯菜給她們吃。雖然後母送來的飯菜很粗糙，可是女孩們肚子餓了又能怎樣，也還是吃了。在同伴家工作時，同伴的親生母親送來的飯菜都很豐盛。過了幾天，再到後母那裡幫忙時，後母送來的飯跟之前一樣差。再到同伴家幫忙種田，同伴的媽媽依然送來豐盛的午飯。

　　女孩跟同伴說：「朋友，朋友，我去上廁所大便。」說完就到暗處去大便了，好幾次都是這樣。到了第三天、第四天，這樣的情形還是一直發生。同伴心想朋友老是說去大便，到底是在做什麼？也就跟著去看一看，只聽到有「淅靂、淅靂」的聲音，覺得奇怪，「這女孩到底在做什麼？」。不知過了多久，女孩又告訴同伴：「朋友，我去大便了。」又離開了，同伴覺得這女孩怎麼一直這樣。原來女孩用破布做了衣服，穿在身

上，噗的飛了起來。當女孩飛起來的同時，她叫喚著同伴，跟同伴道別。所以老鷹是人用破布穿在身上變成的。

講述：林黃秀菊

時間：2011 年 1 月 5 日

地點：花蓮市林黃秀菊家中

採錄：賴奇郁

翻譯：孫生義

情節單元：

D152.2.　　　（人變成老鷹）

S31.　　　　（殘酷的後母）

（三）

有二個女孩一起互相幫忙對方工作。其中一位女孩父母分開了，父親又娶一個太太。每次這個後母都給她們吃不好的飯菜。同伴的親生母親送來的飯菜都很豐盛。過了很長一段時間，後母還是準備不好的飯菜給她們吃。這女孩跟同伴說：「我

要去上廁所。」過沒多久，這女孩又說要去上廁所。同伴跑去看這女孩在做什麼，只聽到有「淅靂、淅靂」的聲音，心裡覺得奇怪。後來，女孩用衣服做成翅膀，變成老鷹飛起來，跟同伴說：「再見，我的朋友，我已經沒辦法再跟你一起工作了。」因此，夫妻最好不要離異，不然小孩會很可憐。

這就是為什麼燒烤老鷹時，會有像燒衣服一樣的味道。所以族人如果抓到老鷹，通常不太敢吃。

講述：林黃秀菊

時間：2011 年 4 月 25 日

地點：花蓮市林黃秀菊家中

採錄：蔡可欣、賴奇郁

翻譯：黃秀英

情節單元：

S31.　　　　　（殘酷的後母）

D152.2.　　　（人變成老鷹）

案：上列三則人變老鷹的故事，由同一講述者在不同
　　的受訪日講述，內容可以互相補足。這裡全部列
　　出，以供參考。

30. 狡滑的小偷

　　村莊裡有一個狡滑的小偷，一直抓不到他。有一次，他想偷員警的錢，而且認為自己能偷得到。他從窗戶進去拿了抽屜的錢，剛好員警還沒有睡著，他就被抓了。員警把小偷衣服脫了，放進麻布袋裡，吊在河邊的樹上，打算隔天把他丟到太平洋裡。有一個養鴨的人，剛好趕鴨經過樹下。麻袋裡的小偷說：「先生！先生！你那麼早趕鴨子很辛苦，看我在這裡多舒服呀！我的麻袋裡有很好看的東西，你幫我放下來，可以讓你看看。」趕鴨的人覺得好奇，想看好看的東西，就放下小偷。小偷說：「你進去袋子裡，有好看的東西。」他騙老人看袋子，從後面敲昏了老人，把他放進袋子，小偷就趕著鴨子走了。

　　第二天，員警說：「我打算把抓到的小偷丟到太平洋裡，這樣村莊就很安全了。」袋裡的老人因為昏倒，所以沒有反應，因此被丟進海裡。

　　講述：宋德讓

　　時間：2008 年 1 月 24 日

地點：壽豐鄉水璉村

採錄：黃嘉眉、李岱融

故事類型：

    1535　　　　（死裡逃生連環騙）

情節單元：

    K510　　　　（欺騙躲避死亡）

• 附編：習俗與信仰 •

01. 捕魚祭

　　捕魚的儀式叫馬拉利阿拉茲（Malalialaji），也是部落集體性的儀式。通常葬禮的最後也會進行這個儀式，表示葬禮的結束。結婚也會辦，表示婚禮的結束。有洗去悲傷或快樂，一切回到正常生活的意思；消去之前正在進行的動作，劃下句點。

　　捕魚祭的時候，也是經過頭目的祈福，男女都可以下水，但是主要還是男人。女人下水捕魚不能超過男人。結束後就在原場地進行烹調，但在烹調之前要先敬拜三個神祇，第一個是馬拉道（Maladaw），第二個是河神，第三個是水鬼。希望他們保佑我們豐收。敬拜後也是獨立分開烹煮，烹煮馬拉道的祭品就用祭祀馬拉道的杯子，由祭祀者和頭目享用；其他的東西就由部落的人一起處理，而且要當場吃完，不能帶回家。唯一能帶回去的就是婦女自己抓到的魚。男人抓到的一定要在那邊吃完。那些祭拜神明後的食物，由頭目和部落的幾個長輩帶領大家享用。但是現在就只有到池塘抓魚，也沒有敬拜了。

講述：劉天來
時間：2008 年 7 月 21 日

地點：鳳林鎮山興里

02. 海神祭（四則）

（一）

「卡飛特」（Kafit）我們翻譯成「海龍王」，是專門管理與水有關的事務，像是魚類漁產都是由卡飛特負責。如果我們祭拜他，他會讓我們漁獲量很多，所以算是神明之一。「卡飛特」在阿美族語是「掛上去」，是掛了一大堆魚的意思，表示魚滿滿的。卡飛特不算非常善良，如果祭拜的時候不順他的意，會刮起風浪，得不到漁獲量，也會使人生病。所以出海前一定要先祭拜卡飛特，才會有漁獲。他的要求是不能違抗的，祭拜時不能少於四樣——米糕、酒、檳榔、香菸是不能少的，否則就是不尊重他。

講述：陳華貴

時間：2008 年 6 月 11 日

地點：壽豐鄉水璉村

（二）

　　我們有一個祭拜海神卡飛特的儀式，這樣才會豐收。尤其要遵守禁忌，例如女性不能參加祭典，如果沒有守住，會造成無法預測的危險。但是自從教會進入部落之後，許多人就不再遵守祖先傳下來的禁忌，所以有些女性也參加了。禁忌就是出海前不能隨便，尤其是不能和女性一起，但並不是每個人都要遵守，而是船主要遵守。回來後不管魚獲量多少，都要祭拜。祭拜時酒不能倒太滿，以能喝的量為主，因為那杯酒是和海神溝通用的，如果倒太多喝不完就是對海神不敬。喝不完也不能分給別人，因為那是自己的福氣，怎麼可能分給別人。雖然我的子女太太都去教會，但是我自己出海也一定會祭拜，遵守禁忌。

　　講述：蔡火坤
　　時間：2008 年 6 月 11 日
　　地點：壽豐鄉水璉村

（三）

也許是受了漢人的影響，我們以前就把海神稱為海龍王。海祭是為了讓海龍王保佑我們豐收，也是為了使文化能夠不斷，這是上一代的祖先傳給我們的。有一年我沒有參加祭拜，後來就身體不好，請村裡的巫師來看，殺了三頭豬和部落的村民一起祭拜，身體才好起來，所以海祭是不能中斷的。海祭的時間每年都是在 3 月 29 日，豐濱鄉以磯崎的祭拜最隆重，祭拜完就出海捕魚。以前海祭是由主祭代表祭拜，主祭是終生任期制，女子不能參加。但現在開始慢慢讓後代子孫承繼祭拜的方式，因此可能藉由託夢的方式來選擇下一位主祭。

講述：吳蓮芳（撒奇萊雅族海神祭現任主祭）

時間：2008 年 7 月 9 日

地點：豐濱鄉磯崎村

（四）

向東祭拜的是管理海水、魚類的海神，祂也管我們種的作物。捕魚時不能吃豬肉、雞肉、青菜。

講述：高賢德

時間：2008 年 4 月 23 日

地點：壽豐鄉水璉村

03. 火神祭與祈雨

　　火神祭的來源並不只是為了紀念已經去世的古穆·巴力克等人[1]。火神祭在一百多年前有辦過，是在整個部落遇到乾旱的時候，完全沒有好天氣過，因此進行的祈雨儀式。在這樣的情形下，撒奇萊雅的巫師會有火祭，祈求上蒼給我們好天氣，讓莊稼能有收成。以前辦火神祭也就是跟我們的火神祭一樣，召集一些年齡層去撿一些木頭，在曠野上面求神，讓天氣好起來，然後把所有的木頭燒掉。

　　講述：黃金文

　　時間：2007 年 7 月 1 日

　　地點：花蓮市

---

[1] 指加禮宛事件時犧牲性命的頭目，參本書 07 達固湖灣。

04. 狩獵禁忌

打獵的時候不能吃魚、菜和養的豬肉，因為它和山豬肉不一樣。打獵前一晚夫妻要禁慾。山豬的下巴（喳拉）女生不能碰，不然嘴會歪或手不能動。改變信仰之後就沒有禁忌了[1]。

講述：高賢德

時間：2008 年 4 月 23 日

地點：壽豐鄉水璉村

---

[1] 「改變信仰」，指族人後來接受西方宗教。

05. 採收香糯米的禁忌

採收「香糯米」的時候，男人不可以洗澡，要等到收割完後的兩三天才能洗澡。而女人在曬香米、入倉，擣米的過程中是不能吃魚的。舉行巫師作法的儀式時，不能吃飯，要等整個過程完畢後，巫師交代完事情的隔餐才能吃。因為這時山上還有很多男人沒有採收返家，而掉在路上的米，巫師會祈求穀子回來。這是一個禁忌也是一個存糧的方法，希望收成能夠很豐盛，稻米永遠吃不完。

講述：劉天來
時間：2008 年 7 月 21 日
地點：鳳林鎮山興里

---

06. 豐年祭與婚配

　　以前的豐年祭為期一個星期。每一首歌都有不同的舞步，都有不同的意義。已婚男子帶未婚男子，與已婚女子帶未婚女子，讓未婚者互相遞贈檳榔，女方拿煙給男方，就促成了配對。其實老人家長期觀察下都心裡有數，利用豐年祭促成配對。

　　講述：劉天來

　　時間：2008 年 7 月 21 日

　　地點：鳳林鎮山興里

---

07. 愛情的測試

　　少女放牛的時候，喜歡他的年輕人就在她的出入口等待。等少女放牛回來後，拿彈弓用「姑拉優」果子打她。如果少女的叫法是可愛的，代表不反對男孩子打，打她反而很高興。如果少女反彈的話，就表示不喜歡那個男孩子。男孩子喜歡一個女孩子，就會多找機會打彈子，看看女孩子的反應怎樣，他們自己會知道的。

講述：黃金文
時間：2007 年 4 月 25 日
地點：花蓮市

08. 女性主動的婚姻

有一種追求的方式，就是男孩子每天都要去砍柴，砍了一捆捆的放在野外，到了差不多天亮的時候，把木柴扛起來偷偷丟到女方家煮飯放木柴的院子，一天大概一把。父母親看到了，就會開始留意。有時候兩三個人同時追求這個女孩子，一天就有兩三把。當父母親發現少年在追求女兒時，他們就慢慢等待機會，試探男孩子的耐力及忠心，看他的表現。有的父母親也一直不出現，等到院子堆滿了柴火以後，他們就偷偷跑出來，見到男孩子就馬上抓住手，問他是誰的孩子。父母親知道後，就會到男孩子的家提親。提親的方式不外是喝酒，跟鄰居、親戚喝。等到談成了，男孩子嫁到少女的家以後，父母親還是會試探他的忠實性。一旦不好的時候，他的老婆有權力把他踢開，恢復單身。

當女方已經成婚，仍然有人要追求這個女孩子，追求者就想辦法再砍木頭到女方家。父母親發現就會看看現任的女婿做得如何，也看看新來的年輕人的表現，去考驗他們兩個。如果父母親一直不反對放木柴的追求者，他可能會到少女的房間去把少女拉到外面約會。如果少女覺得這個人比她現任的丈夫表現得好，就可能把現任的丈夫休掉。

講述：黃金文

時間：2007 年 4 月 25 日

地點：花蓮市

09. 年齡層與社會分隔

以前阿美族各部族都是一家，透過年齡階層，會有成熟的年齡階層自己成為一個部落。撒奇萊雅是從年齡階層自己獨立出來的部落，所以每一個部落會有差異。不單單是阿美族，可能是自然而然的就離開形成一個部落。為了表示是另一個部族，可能語言及服裝有些微的差異。

各個年齡階層可能服裝一樣，但裝飾品會不同，有的是種子、有的是羽毛，有自己的象徵。以前一看就知道誰比較年長，現在已經分不出來了。七、八歲還不算一個階層，八至十二歲才會成為一個階層，叫作「巴嘎努艾」（baganuai），最小的，會被分配很多的工作，打水、傳訊……他們的配件以鈴鐺為主，是走路會有聲音的飾品。上一個階層可能會狩獵，配有羽毛。再上一個階層就有簡單的長者的衣服。再上一個階層就可能是整套的服飾。

講述：張少清

時間：2008 年 5 月 21 日

地點：鳳林鎮山興里

---

10. 年齡層的習俗

　　過去撒奇萊雅八年舉辦一次進階活動，但因為少年太多了，沒有辦法訓練，所以就減少一半，改為四年一次。所謂年齡層就是，譬如說：十歲到十八歲一個年齡層，這個歲數的人在這個年齡層。年齡層產生之前必須先考驗他們求生的能力，讓他們帶著番刀跟鹽巴柴火到深山謀生，通過的就屬於這個年齡層。如果定力、耐性不夠的，偷偷回來的話，就不能讓他通過這一層的年齡層，須留待另一個年齡層產生的時候，再參與年齡比較小的年齡層。

　　進階儀式是召集所有年齡層新進的少男，到野外去殺雞——每個人帶一隻公雞到外面殺，殺完的雞爪要留給耆老。耆老會讓這些少男參加賽跑，規定跑到海邊再回來，或者到某個地方去再跑回來，後面必須有耆老拿著雞爪跟著，哪一個人跑得最慢的，就用雞爪抓他，表示說：「你太散漫了，跟不上隊伍。」就算受不了，父母親也不能袒護。

　　十二個年齡層中，一個年齡層一個聚會所，但只設六個工寮，兩個年齡層住一個工寮。最小的年齡層必須送柴火給老大哥的年齡層。送柴火不能讓老大哥知道，要偷偷的丟。被抓到就會被鞭打屁股，也就是讓你以後做事情不要太粗糙，動作要

敏捷。當老大哥敲木鼓時,較低的年齡層要知道他們敲的意思,如送木頭有送木頭的敲法,送水有送水的敲法。除了自己生火,用的方面都要低年齡層提供,自己可不動勞力。

講述:黃金文

時間:2007 年 4 月 25 日

地點:花蓮市

---

11. 頭目石

一、二百年前的這裡是龍眼村,以前的頭目權力很大,只要說一句話,村莊的人都要聽他的。頭目的條件是身體要好,要有領導能力。那個石頭本來就在村莊的中間,周圍都是部落,都是龍眼。只有頭目能站上去,凡是頭目一站上去報告,大家就集合。

講述:宋德讓

時間:2008 年 1 月 24 日

地點:壽豐鄉水璉村

---

12. 彩虹

　　彩虹的形狀就像一個陷阱一樣，可以釣到東西，照字面解釋是「希德的陷阱」（bihekac ni Hidek）。希德是一個英雄，他可以使雨消失，也可以讓颱風不見。不管他到哪裡，雨就不會再下，颱風就停了。他就像一個神，我們看不到他。

講述：吳蓮芳

時間：2008 年 7 月 9 日

地點：豐濱鄉磯崎村

---

13. 虹占

　　老人家會用彩虹預測農作物好不好。彩虹出現有好有壞。如果是早上，彩虹一定在東或西邊出現。彩虹彎彎的像陷阱一樣，我們就取名為「陷阱的記號」（dekniyadek）。

講述：高賢德
時間：2008 年 4 月 23 日
地點：壽豐鄉水璉村

---

14. 月占

　　以前聽阿嬤（祖母）講過，月亮如果是上弦月的話，像一個碗一樣，就表示會豐收；如果是下弦月的話，就表示不會豐收。

　　講述：吳蓮芳

　　時間：2008 年 7 月 9 日

　　地點：豐濱鄉磯崎村

---

15. 夢占

　　太陽是爸爸，月亮是媽媽。如果夢到月亮下山的話，代表媽媽要去世了。

　　講述：高賢德

　　時間：2008 年 4 月 23 日

　　地點：壽豐鄉水璉村

---

16. 魔鬼信仰（四則）

（一）各種魔鬼

魔鬼可以分成四種，阿里嘎蓋（Alikakay）是魔鬼的一種，另有高高的阿里嘎雅（Alikaya）、矮矮的嘟夫嘟夫（Dufudufu），還有專門對付小孩子的搗蛋鬼拉魯米南（Laluminan）。拉魯米南不會傷害小孩，如果小孩子愛哭，他就會變成親人去安慰他，然後就把他帶走了。他會把小孩帶到山上放在最大的樹上，或是有刺的麻竹叢中。這些竹叢長得很茂密，很難進去，長老要帶著年輕人把竹子一根一根砍掉才能救出小孩。嘎利亞（Kalia）會設陷阱傷害人，他的陷阱都是具殺傷力的，會置人於死。如果看到像拱形的樹或竹子，就是鬼放的陷阱，看到這樣的拱形就不要經過，免得被嘎利亞抓走—以前常常有這樣的事情發生。

講述：黃松德
時間：2008 年 6 月 12 日

地點：鳳林鎮山興里

（二）妖怪阿拉在

　　阿拉在（Alazai）是半人人妖，但他有人的形貌，只要經過附近就會被吃掉。通常他都躲在山上吃人。住的地方是隨便搭蓋的，像樹屋之類的。他走路不是一步一步走，是會漂浮的。以前山上有黃藤，我們會上山採集來吃。他住的附近長得特別多，但是人一到那裡就會不見了，後來大家都不敢再經過那裡。

　　講述：陳華貴
　　時間：2008 年 6 月 11 日
　　地點：壽豐鄉水璉村

（三）死神拉里美納

　　普通人看不到拉里美納（Lalimenah），只有生病的人才看

得到。人生病的時候，拉里美納就會冒充親人跟你聊天，生病的人在床上會一直回答，病人往往過幾個月就會死掉。以前我媽媽生病的時候，拉里美納就曾經冒充部落一個死掉的人來拜訪。我們部落很多這樣的事情。

講述：徐成丸

時間：2007 年 6 月 1 日

地點：花蓮市

（四）貪鬼達古拿萬

在家裡做糯米飯的時候，一定要先祭拜貪鬼達古拿萬（Dagunawan），如果不祭拜就把飯包帶到田裡，吃了飯包以後不是肚子痛，就是昏倒。因為如果不先弄一點飯給貪鬼，他會跟著你。要事先和他說：「這飯要送到哪裡去，要給你的放在這裡，不要跟著我，請你在這裡用，我先走了。」要這樣溝通。尤其是煮糯米飯，如果之前你沒有跟他說清楚，飯怎麼樣也煮不熟。要說：「你不用幫忙看火，我自己會看。」要先這樣講，要不然水會一直咕嚕咕嚕滾但是飯都煮不熟。

　　臺灣人也一樣，炊甜粿時小孩不能在一旁問「好了沒？」因為貪鬼聽到就會來了，甜粿一定會炊不好。

　　講述：鄭戴發

　　時間：2007 年 12 月 5 日

　　地點：花蓮市

---

17. 魔鬼塔達塔大見聞（五則）

（一）

　　塔達塔大（Tadatadah）長得矮矮的，身上看起來像是黃色的。塔達塔大引誘你的時候沒有感覺，他會麻木你的神經，醒過來的時候會覺得害怕。

　　聽說這是發生在臺灣剛剛光復時的事，從瑞北經過舞鶴村，彎到北迴歸線那邊有一個山崖，有一條河流大約五十公尺高，中間有二公尺大的石頭，石頭掉下來一個洞。當時有兩個瑞北的女孩，在附近找牧草、芒草要拿回去餵牛，但她們早上八點鐘到野外採芒草、牧草，本來兩人一起割草，要回去的時候有一個卻不見了，另一個女孩回家也找不到人。後來有一個住在北迴歸線附近村莊的老人，他經過野外時聽到女孩子的聲音，覺得奇怪，向上看去，就看到二十公尺高的洞裡面有一個女孩子。老人家沒辦法救她，就到瑞穗的消防隊報案，他們拿了長長的繩子才把她救出來。她就是被塔達塔大引誘走失的。

（二）

　　有一天晚上，年輕人們在外面的牛車上躺著聊天，那時候來了兩個塔達塔大，把牛車抬起來轉方向。年輕人說：「奇怪，我們剛才不是這樣睡，誰把我們抬起來？」其實就是塔達塔大搞的鬼。但當有人放屁、小便或大便的時候，塔達塔大覺得很臭，就會馬上跑掉了。

（三）

　　有一次，有一個老人大概一個禮拜沒有回來，後來在一個很多刺竹的地方找到他，年輕人砍掉竹子才把他救了出來，這就是塔達塔大搞鬼的。

（四）

　　有一次，有一個小孩子不見了，後來被發現在檳榔樹葉子裡面哭。奇怪的是那麼重的小孩子卻能掛在葉子上面，這就是塔達塔大搞鬼的。後來部落的人拿棉被放在下面，用繩子上去把他綁起來，才把小孩子慢慢地放下來。

（五）

　　我小的時候，有一種樹結果實以後，烏鶖喜歡吃它的果實，是一種可以用來蓋房子的樹。有一次有一個人在部落裡走著，他看到塔達塔大，馬上用腳踢樹，用原住民語言說「你跑到這邊！」隔天早上樹就乾掉了。這個就是塔達塔大搞鬼的。那個人剛好住我家隔壁，早上他就說：「你看這個樹乾掉，本來昨天不是很好的嗎？是我昨天晚上經過這裡的時候，看到塔達塔大，就踢它，結果現在就乾枯了。」

　　講述：徐成丸

　　時間：2007 年 6 月 1 日

　　地點：花蓮市忠烈祠樹下涼亭

---

18. 巫醫治病

　　巫師（gawasai）會把番刀插在腿上奔跑，還會將舌頭割下插在番刀上，等儀式結束後，再拿下來裝回去。我小時候曾經有細小玻璃跑入眼睛，看醫生都不會好，巫師直接用嘴吸就吸出來了。有時候會用香蕉葉和酒治病。用來治病驅邪的香蕉葉有固定的生長方向。巫師治病不收錢，只收酒和檳榔葉。當巫師的祭典時，他們不能吃魚肉，只能吃嫩薑沾糯米酒，一年一次，約舉辦三、四天。若是豐年祭，只能吃豬肉和綠豆湯，魚肉一樣是禁忌。

講述：陳金星
時間：2010 年 11 月 29 日
地點：花蓮市

受訪者及口譯者簡介

受訪者

- 黃金文（Nowa Watan） 男 撒奇萊雅族 62 歲 中臺神學院畢
- 蔡火坤（Ayal Likal） 男 撒奇萊雅族 71 歲 日治 2 年 國民教育 4 年
- 潘建憲（Looh Komod） 男 撒奇萊雅族 68 歲 西寶國小警衛
- 張少清（Kolas Hayu） 男 撒奇萊雅族 山興社區發展協會總幹事
- 宋德讓（Baiaw Bakah） 男 撒奇萊雅族 65 歲 國小退休教師
- 吳蓮芳（Cizai） 男 撒奇萊雅族 76 歲 日治小學畢業
- 劉天來（Kolas Komod） 男 撒奇萊雅族 78 歲 日治 5 年 國民教育畢
- 張錦城（Falaka Sukaf） 男 撒奇萊雅族 70 歲
- 陳華貴（Macu Dandaw） 男 撒奇萊雅族 79 歲 日治小學畢業
- 高賢德（Sabula Lnay） 男 撒奇萊雅族 67 歲
- 蔡振南（Lunid Likal） 男 撒奇萊雅族 78 歲
- 徐成丸（Tobah Komod） 男 撒奇萊雅族 66 歲 大學 曾任中醫師
- 葛秋夫（Dihan Oiaw） 男 撒奇萊雅族 55 歲 憲兵官校

- 黃松德（Kolas Looh） 男 阿美族 82 歲 日文教育 8 年
- 鄭戴發（Tyfat Tipos） 男 撒奇萊雅族 65 歲
- 林黃秀菊（Poohi） 女 撒奇萊雅族 83 歲 日本教育 4 年
- 林秀妹 女 撒奇萊雅族 76 歲 日本教育 4 年
- 孫來福 男 撒奇萊雅族 88 歲 日本教育 3 年
- 鄭阿琴 女 撒奇萊雅族 76 歲 日本教育 2 年
- 吳秀花 女 撒奇萊雅族 91 歲
- 林秀蘭 女 撒奇萊雅族 77 歲 受過日本教育
- 林玉英 女 撒奇萊雅族 86 歲 務農
- 陳金星 男 撒奇萊雅族 80 歲 日本教育 2 年
- 黃光枝 男 撒奇萊雅族 85 歲 木匠
- 王珠鳳 女 撒奇萊雅族 80 歲 日治小學畢業

口譯者

- 蔡金木 男 撒奇萊雅族 56 歲
- 張少清（Kolas Hayu） 男 撒奇萊雅族 山興社區發展協會總幹事
- 黃秀英 女 撒奇萊雅族 花蓮市撒固兒部落服務員
- 孫生義 男 撒奇萊雅族 58 歲 花蓮美崙浸信會教會飛揚少年成長中心輔導老師

受訪者及口譯者照片

黃金文

徐成丸

葛秋夫

宋德讓

潘建憲

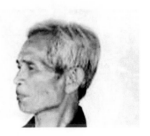

張錦城

高賢德

蔡振南

蔡金木

陳華貴

蔡火坤

黃松德

吳蓮芳

陳義盛

劉天來

張少清

林黃秀菊

林秀妹

孫來福

鄭阿琴

吳秀花

林秀蘭

林玉英

陳金星

林光枝

王珠鳳

• 附錄 •

採錄日誌

花蓮市採錄日誌

2007 年 4 月 15 日

⊙受訪：黃金文、徐成丸
⊙撰稿：黃嘉眉
⊙採訪：黃嘉眉

　　星期日早上九點多，我撥了一通電話聯絡督固‧撒耘先生，想問看看有沒有長老可以做訪問。恰巧的是，今天他們有一個自治會的理事長選舉活動，在國福社區活動中心舉行到中午，說我可以去看看。在臨時決定的狀況下，我來到了國福活動中心，先和他聊了一下，他再帶我去找兩位長老——黃金文先生、徐成丸先生。

　　說明來意之後，兩位長老都很親切的與我交談。徐先生是個風趣幽默的人，會說一些有趣的話。當時徐先生說黃先生的故事很多，說得也比較順，所以我就先請教黃先生一些故事。

黃先生講的故事相當完整，後來才知道原來他自己也有蒐集故事，許多故事就是這樣從老人家那兒聽來的。他說一致性高的故事他才會採用，以提高準確度，並且預計整理完成後會出版。這點讓我聽了覺得有些可惜，因為站在民間文學採錄的觀點上來說，各種不一致的情節都是需要保留的資料。

黃先生先為我說的是撒奇萊雅的遷徙、巨人阿里嘎蓋以及農務專家福通的故事。由於這些故事已經說了一個多小時了，也差不多準備開票了，我們就先告了一段落。黃先生說接下來的故事還很多，叫我下次要帶飯包來聽才行了。

徐先生說，有需要的話，如果有漏掉的，或是黃先生不敢講的，不願意講的，他都願意為我說明，並主動留了他的電話給我。

到了開票的時間，我也留下來幫忙。發現那裡也有一兩個東華族群所的學生來幫忙，也因此認識了一些人，忙完了還和他們一同吃午飯，覺得滿開心的。大家都很熱情，收穫不少。

今天講述的內容，除了加禮宛的歷史事件以外，阿里嘎蓋及用陀螺開墾田地的故事在目前阿美族的故事記錄中都有相關類似的資料。但是不能確定的是，當初講述這些故事的是阿美族人？或者是撒奇萊雅族的人被誤認為阿美族人？還是兩者混居後產生的故事？這些疑問都是有待日後進一步查證的。

2007 年 4 月 25 日

⊙受訪：黃金文
⊙撰稿：黃嘉眉
⊙採訪：黃嘉眉

　　4 月 25 日下午，和趙御均學姐、陳文之學長約在花蓮高商門口，準備二點半去訪問上次未訪問完的長老黃金文先生。約訪的地點在國福社區活動中心。我們預先請黃先生穿著傳統服飾以便拍照，先生大方答應。今天他不僅穿著傳統衣服，連帽飾也一併帶上，十分有耐心的為我們講述故事。黃先生一開始講的是撒奇萊雅各個部落在花蓮的地理位置、遷徙過程等，並且拿出一幅他自行繪製的地圖。那幅地圖是他根據部落耆老口述所製，以色塊來區分各個部落，相當細膩。

　　黃先生雖然是神學院畢業的，但後來並沒有從事神職，而是自己經營養雞場。從先生的態度可以看出，他非常希望有人可以把撒奇萊雅的故事整理出來。他客氣地說他只能口述，沒辦法以文字表達。至於這些故事的來源，有的是自己當巫師的祖母所說，有的是從附近太昌、國慶、美崙的耆老那兒聽來的。由於自己對於族內故事的興趣，後來又到更遠的地區，如馬立雲部落（舞鶴村）蒐集資料，但是黃先生蒐集的故事，多半是

以歷史為主，對於神話傳說的部份並沒有特別蒐集，所以講述的內容也多半與部族歷史有關。

　　採錄過程中恰巧有人在做社區訪問，所以許多人在四週走動說話，採錄者常常聽不清楚黃先生的聲音，錄音的雜音也很多。事後做轉錄稿時，有些地方聽得很吃力。在採訪的過程中，剛好社區的課長來了，表示想找東華大學民族所的教授做社區總體營造，或是成立文史工作室等對族群文化有實質幫助的事情。因為「撒奇萊雅族」的正名只是一個起點，從起點出發以後，未來的文化永續才是最重要的。

　　除了口述歷史的部份，黃先生對於上次所述故事又做了一些細節上的補充，並且說了幾則不同的故事。黃先生曾說他聽耆老講故事時，多半著重在族群的遷徙，對於神話傳說的部份比較沒有特別詢問。但是從先生身上，我也得到許多關於撒奇萊雅民俗習慣的知識。時間接近晚上 6 點，先生因有事先行離開，我們與他約了下次的採訪時間。

2007 年 6 月 1 日

　　⊙受訪：徐成丸
　　⊙撰稿：黃嘉眉
　　⊙採訪：黃嘉眉

　　早上和徐成丸先生、趙御均學姐約在忠烈祠見面，天氣很好，待我走到忠烈祠下方時，先生已坐在台階上了。我先和先生聊了一下天，等待禦均到來。

　　徐先生年輕的時候就開始關心原住民的權益以及爭取族群福祉。他自小時常遷移各地，所以不只是南勢阿美，像恆春阿美等其他地區的腔調，他也能夠隨順溝通。先生目前為《撒奇萊雅語》的編輯委員，亦是撒奇萊雅自治會委員長。原本是國術館的中醫師，後來為了撒奇萊雅族內事務而奔波，目前已無執業。先生每個星期四都會去東華大學教撒奇萊雅語，為族語認證的專家，也參與教材的編寫，致力於語言復振的工作。

　　由於先生的國語表達方式並不是那麼的流暢，所以有些時候會聽得較為吃力，雖然大致上都可以瞭解，但語言敘述有點跳躍性的感覺。徐先生小時候住在舞鶴，後來才搬到壽豐。我們就針對舞鶴地區，請先生講述相關的故事，有鬼故事、石柱的故事及福通（Botong）的故事，但恰巧到了吃飯時候，所以福通故事並未訪問完就先行結束了，留待下次再採錄。

　　初次訪談，除了詢問故事，我們也和先生聊了一下生活背景，時間不知不覺就過去了。和先生一同吃過飯後，便各自回家。即將結束話題時，本想和先生順便約下一次的採訪，但由於先生下星期一要上台北，可能會待在原民會一段時間，所以他也不敢保證何時會有空，只能相互留下聯絡電話，期待下一次的採錄。

2007 年 6 月 15 日

⊙受訪：徐成丸
⊙撰稿：黃嘉眉
⊙採訪：黃嘉眉

　　上次訪問徐成丸先生時，他借了我一本小冊子，內容是他所寫的一些關於原住民的歷史資料。昨日先生來電，想要拿回小冊子，於是順勢和他約了採錄。由於適逢端午節，夥伴趙禦均回家去了，所以這一次的採錄只能由我獨自進行。

　　聊了幾句之後，便開始詢問上次未說完的福通的故事，還請先生哼唱了兩首歌曲，先生說，這兩首歌是其他族群沒有的，曲調相當柔和。

　　先生出生於馬立雲部落（花蓮縣瑞穗鄉），長大後才搬到花蓮市，目前定居於花蓮縣壽豐鄉。他說的故事多半與馬立雲有關。先生說故事時會不斷強調，故事是有的，但是真實性有待考慮，好像很怕我把這些故事當成真的。他對於我所問的故事大多都能說出，雖然他的用詞與腔調令人聽得有些吃力，但大致上是可以瞭解的。

　　前次參加了撒奇萊雅七月七日火神祭的會議，委員會的秘書長督固‧撒耘給我一份資料，裡面記錄著撒奇萊雅人的神話傳說及故事。和先生聊到這一份記錄，先生說其中很多是為了

建構族群歷史而做出來的,有些故事情節他並不贊同,但是也沒辦法,還是以這樣的方式去做。

撒奇萊雅族是今年甫成立的族群,有許多的族人都很積極的想要建構出一套完整的歷史,但是消失了一百多年的歷史想要在短短的時間內完全建構,其實相當困難。

下午開始下大雨,先生講到後面,開始敘述一些私人的事情。看看時間差不多了,我就結束了今天的採錄。

2007 年 7 月 1 日

　　⊙受訪：黃金文
　　⊙撰稿：黃嘉眉
　　⊙採訪：黃嘉眉、趙御均

　　早上和夥伴趙御均約在國福里社區中心,準備一同去拜訪長老黃金文先生,以便確定故事的來源及傳承的時間點。黃先生邀我們去他家看看他所做的記錄,但儲存在電腦中的檔案卻遍尋不著,所以還是請先生口述,由此得知,他所講過的故事大部份都得自他的祖母。關於族群的歷史,則是他當完兵後拜訪耆老記錄下來的。但是瞭解歷史的耆老們多已去世,我們已無法親自親自向他們請教。

　　人的記憶經過一段時間似乎真的會產生變化。雖然距離上次採錄大約才一個多月，但我發現關於傳說故事的部份，黃先生這次的說法就已有些不同了。先生說，由於傳說故事都是小時候聽得較多，經過這麼多年，很多記憶會有些模糊。但是對於族群歷史的部份，則是記得清清楚楚。

　　雖然黃先生有些故事說的和上次不同，但是我發覺他在說故事的時候，還是很自然順暢，不會斷斷續續的，好像這則故事本來就是這個樣子，沒什麼可議之處。在之前的採錄中，先生曾提到一些地點及民俗植物，今天再度訪談時，我順勢請先生帶我們去看聖山，順便在路上看看附近環境。

　　所謂「聖山」，其實就是族人在逃亡時躲避的一個地方。上方山壁上是裸露的岩壁，沒有生長植物，所以很好區別。若真的要爬上那一座山，路途非常遙遠，所以先生就帶我們走另一座山，從它的對面眺望此山。本來是要開車上去，但是路面碎石相當多，車子上到一半就有點卡住了，所以我們只能下車步行。在爬山的路途中得知原來這條步道就是「佐倉步道」，是之前一直想來一探究竟的步道，但是路面真的很難走，來回也走了大約三個小時……。

　　走了一遭，覺得能以親眼看和只用耳朵聽的感覺真的是不一樣。親眼看到故事提及的地點，感受是深刻的。一路上，先生也很開心的說著小時候在這裡玩耍及放牛的生活，這裡對於長老而言是充滿許多童年記憶的地方吧！

　　結束了健行，我們回到花蓮市想找間店吃東西。但我們下山的時間是下午三點，許多店都已休息，好不容易才找到一間店。填飽了肚子後我們又回到先生家，向先生借了兩份資料參考，一份是「花蓮市原住民部落歷史重建計畫」，一份是「92年度原住民傳統領域土地調查成果」，希望資料能幫助我對這個部落有更多的瞭解。

　　黃先生說下星期他就要去原民會當專任委員了，大概只有假日才會回來，以後要找他的時間可能又更少了，但是有需要他還是會盡力幫忙的。今天算是有別之前用耳朵聽的採錄過程，能夠走向戶外，用眼睛觀察，是另一種不同的經驗。

2007 年 12 月 5 日

　　　　⊙受訪：黃金文、鄭戴發、黃萬祿
　　　　⊙撰稿：李岱融、黃嘉眉
　　　　⊙採訪：李岱融、黃嘉眉

　　前幾天，黃金文先生主動聯繫，說有一些撒奇萊雅傳統的歌曲，想要請我們幫忙找人記譜，於是我們約了今天下午到國福社區錄音，還另外約了黃萬祿先生。在國福社區的辦公室中，黃金文先生清唱了三首他所記得的歌曲，並且為我們解釋歌詞中的意思。他說這些歌以前流行於原住民各族之間（記得

我曾聽過類似的卑南族歌曲，不過調子不盡相同），各族的歌詞都因為族群差異而做了調整，但是少有人知道旋律是從撒奇萊雅發源的。

　　在黃金文先生解釋的過程中，我第一次聽到「na ru wan」這個詞是有意義的，它的意思是「親愛的同胞們」，或是「親愛的族人們」，其他部分的歌詞，黃先生也為我們做了解說，突然腦海裡閃過一個疑問，這些詞語現在在撒奇萊雅語裡面還有嗎？黃先生指出有哪些詞現在母語中還存在，但有些現在族人所使用的語言已經被阿美族相同意思的語言取代了。先生進一步說明這些歌是在民國 65 至 67 年之間，向一位撒奇萊雅耆老學的。那時候他在國福社區附近工廠上班，午休時間經常和幾個同事到老人家中閒聊，過程中老人提起大家一直以為撒奇萊雅沒有自己的歌，唱的都是阿美族的歌，其實撒奇萊雅是有自己的歌的。他也希望我們能夠找人幫他譜曲，所以我們打算先把歌錄下來，再找懂音樂的人記譜。

　　下午在社區活動中心聽了幾首歌後，也得知傳下這些歌曲的是一位老太太，以前就住在德興運動場旁，雖然已經不在了，但是我想她的兒女或許會聽過一些故事歌謠，便順勢請黃先生下次為我們介紹，沒想到黃先生說現在就可以去尋訪，於是我們很快的有了另一個聽故事的機會。

　　老太太的兒子鄭戴發先生，今年 65 歲，他的母親生前非常會說故事，但可惜的是，鄭先生很早就外出工作，待在家的

時間也不多，所以對於母親所說的故事不是那麼熟悉，但約略能說出一些片斷及小故事。於是我們又朝著祭儀、民俗的方面問了一些問題，聊到了 6 點多的吃飯時間，不便再打擾，所以就離開了。

晚上七點，我們又回到國福里，訪問另一位耆老黃萬祿先生。黃先生是基督教長老教會會長，他從小就跟著阿公聽故事，雖然有些故事記不太得，但是他說了一個福通（Mutong）做陀螺的故事，和我之前聽到的福通（Butong）故事有些許的類似。

今天的採錄出了一點小差錯，因為我們太晚借錄影器材，以致於還沒充好電就得出發，所以沒有錄到影像。錄音筆也出了一些狀況，沒注意到它已經快沒電了，在最後採訪黃萬祿先生時，只錄到前面 20 分鐘，福通做蛇螺的故事因而沒有錄到。就採錄而言，這是一次很大的失誤，錄音筆沒電的疏失以致下次還要麻煩黃先生再說一次故事。我想必須謹記教訓，以免徒增採錄工作的困擾。

今天除了聽到先前普遍聽過的阿里嘎蓋故事，還有兩個有趣的鬼，叫塔達塔大（Tadatadah）和拉里美納（Lali menah）。先前在訪問徐成丸先生的時候，他就曾經說過這兩個故事，但是當時他說故事是流傳於舞鶴村，所以我一直沒想到在花蓮市也能聽到相關的故事。

今天在鄭先生家時，無意看到撒奇萊雅族的舊相片，相當的珍貴，趕緊去加印了幾張。我們對於能夠在照片中看到當時的傳統服裝，都感到很興奮。聊天之中，黃金文先生也極力建議我去找黃光枝先生，據說他的父親生前十分會說故事，這應該是下次預定採錄的最佳人選吧！

2008 年 5 月 4 日

⊙受訪：黃金文
⊙撰稿：黃嘉眉
⊙採訪：黃嘉眉

上次在採錄活動中認識了一位也正在參與研究撒奇萊雅族群的賴佩瑄老師，她說黃金文先生手邊有些資料可供我們參考，請我再去找他詢問是否可得一閱。於是我又聯絡了黃金文先生，本來沒有特別預定要來採錄，但在聊天過程中提到之前採錄時曾問過但沒有仔細講述的射日故事，於是便又記錄了下來。另外，黃先生也拿了一些他自己做的故事記錄讓我參考，這次無心的訪談，也算是有收穫。

花蓮縣新城鄉北埔部落採錄日誌

2007 年 10 月 26 日

⊙受訪：葛秋夫
⊙撰稿：黃嘉眉
⊙採訪：黃嘉眉

　　晚上約到了北埔的葛秋夫先生（41 年生）。葛先生過去是憲兵上校退役，目前是新城鄉的鄉民代表，同時也於天祥晶華酒店任職安全部經理。

　　葛先生在談論某些神話故事時，常語帶批判或表示不以為然。兩個小時的採錄中，比較完整的只有關於阿里嘎蓋的故事。其餘的故事，則不太能完整聽出。

　　葛先生表示自己先前手邊也有些資料，其中有的是自書本而來，有的是聽長輩說的，但是不曉得放哪裡去了。

　　我們曾試著想訪問葛先生的祖母或父親，但葛先生說父親為虔誠的天主教徒，對於神話傳說故事的態度是不相信且不談論的；而祖母則由於前一陣子生病，也有些不方便。

　　採錄過程中大部份時間無法將話題聚焦於神話傳說方

面，葛先生的話題較多是偏於歷史、語言、禁忌，和阿美族的關係等方面。他表示，對於故事及目前所知的歌謠，其實流傳的也都僅僅是以阿美族為主。到底故事是阿美族的或是撒奇萊雅族的，其實也很難劃分了。

　　當然，這是一個很現實的問題，要從阿美族將撒奇萊雅族全然的分離，分割一條界線，實在是太難了。或許多採錄幾個長老，就能從中找出些線索吧。

花蓮縣鳳林鄉山興部落採錄日誌

2008 年 4 月 17 日

⊙ 受訪：張錦城
⊙ 嚮導：黃金文
⊙ 撰稿：李岱融
⊙ 採訪：李岱融、黃嘉眉

　　過了午飯時間，我們和黃金文先生約在國福部落社區活動中心見面，今天的目的地是鳳林鄉山興部落。到了鳳林，向海岸山脈的方向前行，經過箭瑛大橋後，就會在 193 線道與它相遇。此地對我而言是一個相當陌生的地方，之前只有在黃嘉眉傳來的一則新聞稿中認識它。內容大意是當地的居民想要把當初撒奇萊雅人對此地的稱呼「吉拉卡樣」（Jilakayan，流浪之意）改回來，不要「山興」之名。

　　一路上，嘉眉和黃金文先生斷斷續續的聊著，而我在午休習慣的催化下，不多久就處於半夢半醒之間。當我從迷糊中清醒來時，已經到了山興部落。我們先拜訪當地的一位理事長，希望能透過他的幫忙，較易讓當地耆老敞開心房接受我們的採

訪。然而不巧理事長不在，理事長太太告訴我們附近的幾戶撒奇萊雅的長輩，接著我們就在部落裡隨機找人。

第一戶人家大門深鎖，我們只得找尋另外一個目標。很幸運的，這家剛好有耆老在，黃先生以族語和他聊了一下，並且表明我們的來意後，他因有事先行離開，就把我們留下來進行訪談的工作。

受訪耆老張錦城先生，70歲，出生於瑞穗的馬立雲部落，因為父親耕種的關係便遷徙到山興。父親在世時，曾經講過許多故事給他聽，所以當我們一提到想要聽他說故事時，他立即表示他有許多故事，講到明天才有可能講完。但因為我們突然到訪，他說有些都只能講個大概，或是知道那有個故事，沒有辦法講得完整。我想老先生過去應該曾經聽過很多故事，但也許長久以來沒有什麼講述的機會，便隨著時間漸漸遺忘了。在一個小時左右的訪談過程中，唯一講述得比較完整的，大概只有阿里嘎蓋的故事。

我們本想再多問一些其他的故事，但得到的回應不外乎是：「我知道有這個故事，可是我記不太起來。」或是：「我要講的話可以講很久，但是你們來得太突然，我又緊張。」終究沒能再有進一步的成果。因此，在黃先生再回來找我們時，我們就離開老先生的家。

回程黃金文先生提到山興部落是個聯合國，以撒奇萊雅住民為例，其原居地就有兩條不同來源，一是從水璉經過月眉移

來的，另一則是從瑞穗遷居此地。另有隨著撒奇萊雅移入的阿美族，由於人數較多，因此此地語言以阿美族語為主，但是卻保留了撒奇萊雅的口音。閩南人、客家人也都佔了一些比例，今天訪談的張錦城先生，是這邊年紀最大的撒奇萊雅人了，不過對於他所說的阿里嘎蓋故事，黃先生則持較保留的看法。

2008 年 5 月 21 日

⊙受訪：笛娃斯
⊙嚮導：張少清
⊙撰稿：李岱融
⊙採訪：李岱融、黃嘉眉

　　晚上，我們再次來到吉拉卡樣，不同於上次的造訪，這次是要進行正式的採錄工作了。這次幫忙我們的是年輕的張少清先生，在他黝黑的皮膚、年輕的臉孔下卻操著一口流利的族語，看得出來是一個對部落傳統傳承非常用心的年輕人。

　　張先生帶我們前去拜訪笛娃斯（Diwas）老奶奶，她今年87 歲了。但老奶奶因為年紀大了，身體又不舒服，因此說故事意願並不高，採錄過程她並沒有說出什麼故事。我們剛剛前往拜訪時她正在看電視連續劇「愛」。目前這部電視劇好像風靡許多晚間的電視連續劇觀眾，我沒有想到撒奇萊雅族的老奶

奶也看這部連續劇。或許我們的到訪打斷了她看電視，因此她不願意說故事吧！

笛娃斯老奶奶雖然沒有說故事，但張先生盡責的當一個翻譯者。為了讓老奶奶想起故事，在提示奶奶的過程中他自己說了一些以前聽過的故事，如吉拉卡樣部落的由來、撒奇萊雅語言的由來、莫氏樹蛙的故事，另外還有芭蕉樹的故事。其中芭蕉樹的故事情節很像漢族傳說中的水仙故事。他還說了阿里嘎蓋的故事，張先生說阿里嘎蓋的最後一個大本營就是在山興，在這裡遭到婦女驅趕，從這裡往太平洋的方向離開，而阿里嘎蓋與人類婚配所生的後代，則具有一些異能，後來成為部落裡的巫師（misaga wasai）。

由於時間已經晚了，奶奶身體又微恙，我們不方便打擾太久，而且此處離花蓮市也有一段距離，於是我們決定先結束今天的採錄。張先生建議我們下次可以留在部落裡的民宿，就可以停留久一點，他也可以幫我們安排多一些長輩。沒想到在這兒還有民宿，下次真的可以考慮就住下來，也許可以和部落耆老把酒聊通宵呢！

2008 年 6 月 12 日

⊙受訪：黃松德
⊙嚮導：張少清

⊙撰稿：李岱融
⊙採訪：李岱融、黃嘉眉、王人弘

　　下午四點半，我和學弟人弘及學長岱融從學校出發，驅車前往吉拉卡樣部落（山興）。這是第三次到部落了，路途已熟悉許多，大約一個小時就來到吉拉卡樣。這一次一樣是由張少清先生幫我們聯絡，他約了黃松德老先生。黃先生並不是撒奇萊雅族，而是阿美族人，但是關於吉拉卡樣部落或撒奇萊雅的歷史背景，據說他都相當瞭解。

　　黃松德先生出生於民國 15 年，今年 82 歲，是同一年齡階層最年長的。他藉由老人家或其他頭目的口述歷史繪製了一個年齡階層表，詳細地標示了山興的各個年齡階層。另外，他也自費印刷了一本關於馬立勿（鳳林）歷史文化記錄的小書，全為羅馬拼音記載。他感嘆沒有錢找人翻譯成國語，只能靠自己的力量以母語羅馬拼音記錄下來。但我想這本小書已經能為當地歷史文化的保留和發展跨出一大步了。

　　因為黃老先生對於山興的歷史相當瞭解，所以當我們問到吉拉卡樣（Cirakayan）何以稱呼此名時，他就相當完整地說了整個故事，大體上和我們上回從張少清先生那兒聽到的差不多，只是有部份細節還是不太一致。雖然他會說國語，但是表達的辭彙及腔調還是讓我聽得滿吃力的，後來索性就坐到了他的身旁，將錄音筆靠近，但外面下得很大的雨聲將老先生的聲

音蓋去了大半，不湊近聽還真的聽不到故事呢！

張先生在採錄的中途因為有事先行離開，還好我們也已經進入了狀況，用國語大致上都能溝通。後來因有其他的老人家來訪，好像是要討論捕魚節的事情，所以我們也不便再打擾了。離開的時候，雨已轉小，黃老先生還半開玩笑的抱怨剛剛講故事時大雨干擾我們，離開時居然沒雨了……我們也很有同感呀！

採錄後過了幾天，我再度聯絡了張少清先生，想預約下一次的採錄，張先生才透露出他的疑惑。他說自己小的時候常聽黃松德先生和祖母講一些小故事。而當天他帶我們去的時候，他感覺黃先生變得很保守，對於故事好像有所保留。他也不曉得為什麼，是因為年紀大了遺忘或是其他的原因？這是我很想進一步瞭解的。

本來張先生預定幫我們安排的下一位受訪者是林仁德先生，但他因為生病，說話和反應變得有些遲頓。據說林先生算是部落裡口傳故事的重要傳承人，遇到這樣的狀況，讓人覺得很遺憾，只希望老人家能盡快恢復健康，讓我們有機會拜訪他。

2008 年 7 月 21 日

⊙ 受訪：劉天來、杜春妹
⊙ 嚮導：張少清

⊙撰稿：黃嘉眉
⊙採訪：黃嘉眉

　　7 月 19 日是撒奇萊雅火神祭的日子，一方面想看看火神祭的場面，一方面想趁此機會訪談一些耆老。這一次約到山興部落的劉天來先生，他是幫我們口譯的張少清先生的舅公，今年 78 歲，讀了五年的日本學校後，再繼續就讀鳳林國民學校畢業，結婚生子後開始信仰基督教。在他的觀念裡，基督教的神和他們以前的神馬拉道都是一樣的，只是稱謂不同而已，所以對於傳統信仰的某些儀式，他依然是保持敬畏的心態。過去曾經看過巫師施行法術，所以對於巫師的神力持有肯定態度。

　　聊天中不知不覺晚餐時間到了，劉先生的太太杜春妹女士幫我們煮了一鍋麵之後，也加入聊天的行列。杜女士 19 歲從荳蘭嫁過來，聽過不少有趣的事情，因此她也開始展現她的講述能力，後來講得比劉先生還起勁，有滔滔不絕的感覺，但由於我們聽不懂族語，所以還是要等兩位老人講完後，請張先生翻譯。不懂族語一直是採錄過程的大問題，有時候經過翻譯知道兩位受訪者對問題的理解有落差，而我們卻不能及時瞭解，還是必須要等到他們講完後才能處理，不但得多花一些時間，也不一定能準確掌握，但這也是沒辦法即時改善的問題。這次採錄到與先前不太一樣的故事，如青蛙的骨頭變成桂竹，還有香糯米收割的禁忌等。

　　劉先生是部落的領唱，由前一個頭目傳授下來的歌謠，最少大約有五首。在以前豐年祭的時候，領唱者就要一直重複唱著這些歌謠，有的還會伴隨舞蹈。當我們討論到歌謠的時候，已經是 9 點半了，時間晚了，所以我和兩老相約八月底或九月的時候再來拜訪他們，他們會一一的教我們唱歌，整個過程還是要求要帶著尊敬的心，該守的禁忌還是要守。

　　採錄結束後，我們和張先生聊了一會兒。由於他們正在做重點部落的計劃，在「文化」的部分要蒐集整理的口述資料還有很多，所以也希望我們採訪後寫成的文字檔能留給他們一份。我想這是當然的。

　　回到花蓮市已經將近 11 點半了，中途還小小的迷失了路，但心裡覺得頗有收穫。

花蓮縣壽豐鄉水璉部落採錄日誌

2008 年 1 月 24 日

⊙受訪：宋德讓
⊙撰稿：黃嘉眉
⊙採訪：黃嘉眉

　　這是第三次來到水璉國小，宋德讓先生是水璉國小退休的
主任。過去他一直擔任我們的聯絡及翻譯，雖然見過許多次，
但從沒聽他說過故事。這一次終於有機會聽他說故事了，宋
先生還找了一位耆老（faki）盧和忠，我們就一起前往他家聽
故事。

　　宋先生很會說故事，說起故事表情生動，充滿了迷人的肢
體語言。他講述的故事總會出現教育意涵的結局，也許因為職
業為老師使然吧！但有些阿美族人說故事似乎也傾向於結尾
的教育訓誡。

　　當天聽到的故事很多，有些是原住民自己的故事，如〈有
長生殖器的巨人〉、〈福通的故事〉等；有些則為來自臺灣漢族
的故事，如〈蛇郎君〉、〈狡滑的小偷〉等，後者常出現於白賊

七故事的情節中。每一個故事大致都相當完整。有一則〈烏龜的故事〉，內容比較長，我們過去不曾聽過，採錄團隊一再向宋先生確認故事來源，他說是小時候聽父親說的。說故事與聽故事的人完全沉醉於故事中，不知不覺已超過中午用餐時間了，但先生似乎意猶未盡，還提起之前接受訪問時，可以從白天聊到夜晚的事。我們心裡很清楚，與宋主任可能還要暢談好幾回呢！

中午與耆老們一起用餐，地點是部落中的一個小吃店，聚集了好多原住民朋友。他們彼此間似乎非常熟悉。有人過來我們這一桌與耆老們聊天喝酒，當然我們也成為他們注意的眼光。當他們知道我們的目的後，七嘴八舌提供了許多意見，這些都是我們下次採訪的有利訊息。一頓午餐收穫頗豐。

2008 年 3 月 19 日

⊙受訪：潘建憲
⊙撰稿：李岱融
⊙採訪：李岱融、黃嘉眉

今天訪談的對象是秀林鄉富世村西寶國小校警潘建憲先生。嘉眉和潘先生先約了一起吃中飯，然後帶到花蓮教育大學民間文學研究所裡，我們在 402 教室進行訪談。

與潘先生的結緣是透過嘉眉先前在西寶國小實習的同學聯絡的。西寶國小位於太魯閣國家公園境內，是一間迷你小學。本來還希望趁著上山找潘先生採訪之便，可以順便參觀美麗的西寶國小。這星期正巧潘先生有事下山，便先約他聊一聊，西寶國小只能下次再去了。

潘先生知道我們要訪問關於撒奇萊雅的故事，還預先準備了一些有關撒奇萊雅正名的資料，另有一些福通的故事。潘先生就像教小學生一樣，一個字一個字的唸給我們聽，一時間我們不好打斷他的興緻，只能找尋切入的時機點，把他從資料中帶出來。

我們請他說阿里嘎蓋的故事，也問了關於天體日月星辰的故事，潘先生表示沒有聽過這類的故事。我突然想到有一次訪問葛秋夫先生的時候，他說了彩虹的故事，便問潘先生有關彩虹的故事。他說的和葛先生所述內容差異不大，都說彩虹像是獵人的陷阱。上一次聽到此說法時，百思不解為何彩虹會與陷阱有關聯？今天聽了潘先生的說法才恍然大悟，原來陷阱不是我們所以為的捕獸夾之類，而是過去用竹子或樹枝綁上繩子，再把繩子纏在對面或釘在地上，這時候被繃緊的樹枝或竹子便會彎成像彩虹一樣的弧形，看起來就像彩虹一樣。

我們又問了鬼故事。因為在前幾次的採錄經驗中，許多講述者都講一些搗蛋鬼的故事，我們想知道潘先生是否聽過，情節是否大同小異？結果他講的是日據時代的鬼故事，是初

中時聽他舅舅說的。這個故事先前沒有講述者述及，算是意外的收穫！

　　另外，關於潘先生提供的書面資料來源，大概是他和李來旺校長訪談老人家後寫下來的。他和李來旺校長面對頗多的原始訪談資料時，採取討論來決定哪些資料適合記錄下來，或哪些資料符合現代觀念。因此，這些資料應該比原來採錄所得精簡許多。

　　訪談從兩點多進行到四點鐘，直到 402 教室要上課了才暫停今天的訪問。潘先生自嘲自己是孤單老人，妻子因為他車禍而離開他，兩個兒子都在台北，很少回來。他有時候會跟宋得讓主任一起去吃飯、唱唱歌。送潘先生去開車的時候，他說他的最大嗜好是唱歌，於是我們一起到化道路上的一間小吃店唱歌。雖然只是短短的 40 分鐘，可是感覺得出來他很高興。我們想到老師之前上課曾提過，採錄口頭文學的過程往往會發現我們激起了講述者潛藏的生命光芒，有時為了想延續聊天與相處的愉悅，老人們會用盡各種可能的方式。從事田野調查不是一種學術的踏查而已，我們要瞭解的還有這些老人用什麼樣的情感走著他們的路。像潘先生親人都不在身邊，即使他有滿腦子的故事，又要說給何人聽呢？

2008 年 4 月 23 日

⊙受訪：高賢德
⊙撰稿：黃嘉眉
⊙採訪：黃嘉眉、李岱融、王人弘

　　前些日子請宋德讓先生幫忙介紹幾個受訪耆老，經過一一打電話後發現有些耆老所說的話，聽來相當吃力。其中有一位甚至直接以族語通話，讓我在聽筒一端不知所措。語言真是重要的溝通工具。後來聯絡上蔡金木先生，他是水璉社區發展協會的撒奇萊雅人。說明來意後，蔡先生熱心的願意幫忙聯絡受訪耆老，甚至也願意擔任翻譯。

　　採錄團隊聯絡蔡先生，適巧他有要事在身，此次無法幫忙，我們只能就宋先生先前所提供的電話，自行聯絡上了高賢德先生和蔡火坤先生。由於時間關係，這次只能訪問高賢德先生，另一位耆老只得留待下次了。

　　高賢德先生今年 67 歲（民國 30 年生），曾擔任頭目。14歲開始信仰基督教。他的祖父本來住在花蓮市，後來到水璉打獵，就遷徙到了這裡。從講述故事的過程中可以發現，高先生受到宗教的影響相當大。當我們問起某些故事，如人類起源時，他多會以基督教或《聖經》中所言來解釋，並且對於某些

故事直接言明是因為宗教信仰而迴避講述。當傳統信仰式微後，許多的神話故事即失去了傳播的途徑，不再被傳述。外來文化慢慢地使族群本身的傳統喪失，這似乎是目前許多原住民部落面臨的情況。

高先生所述故事情節較為簡略，沒有較長或較具體的故事情節。像福通或馬久久的故事，人名雖然都能說出，但故事主要發展線索較簡單。希望下次再多問幾位老人家，或許就能看出水璉部落與其他地方的撒奇萊雅故事有什麼差異性了。

2008 年 5 月 28 日

　　⊙受訪：蔡振南、蔡金木
　　⊙撰稿：李岱融
　　⊙採訪：李岱融

　　再次踏上往水璉的路，和以往稍稍不同，這一次老師出國不能開車與我們同行，所以我們只能騎機車沿著臺 11 線前往目的地。

　　今天拜訪的耆老是蔡振南先生，他出生於民國 19 年，是土生土長的水璉人。陪我們前往的蔡金木先生非常健談。經由他的穿針引線，閒聊中很快就進入了今天的講述。蔡振南先生說最早住在水璉的並不是今天這些居民。最早的水璉住民不知

是何原因一夜之間全部都搬走了。後來李來旺校長的祖父等四人，從七腳川等地遷居來此，其中三位是撒奇萊雅人，另外一位是荳蘭的阿美族。部落目前沿用的是撒奇萊雅的習俗。

　　訪談過程中，蔡金木先生談到阿美和撒奇萊雅族共有的年齡階級制度。此處的年齡階級屬於「襲名制」，也就是有固定的年齡階級名稱，族人依年齡不同而分屬不同年齡階層。蔡振南先生和其他幾位部落老人已經位居第七級。部落目前沒有老人列入第八級。我們抄錄了此地年齡階層的名稱，耆老還告訴我們其詞義：

階級名稱	字義
Madauvok	侵略
Alabangas	苦楝樹
Aladiwas	一種葫蘆形杯，以泥土製作，祭祖用。
Alamai	雲
Lalow	錯誤，部隊中最不聽話但最有活力的一群，也是部落主要戰力。
Alemet	樹名，很堅韌，堅毅不拔。
Maulats	潔淨
Mauway	下雨

　　蔡先生也講了捕魚祭的由來。他說捕魚祭本來是和福通（Butong）有關的傳說，但現在捕魚祭的故事來源，卻跟騎鯨魚的馬久久（Majuju）有關係。他還說了一個福通的故事。

2008 年 6 月 11 日

　　⊙受訪：陳華貴、蔡火坤
　　⊙嚮導：蔡金木
　　⊙撰稿：黃嘉眉
　　⊙採訪：黃嘉眉

　　上回來水璉時，已預約了一位地方耆老準備採訪。但因為蔡金木先生有事無法趕回水璉為我們翻譯，只能改約下次。近日聯絡蔡金木先生，再度請他為我們安排受訪者。這次他沒有預先約定任何受訪對象，而是載著我們隨處訪查，看是否有老人在家。連續走了幾戶，老人都不在，直到我們遇到一位正在補破網的老人，才開始了今天的訪問。

　　第一位受訪人為陳華貴先生，今年 79 歲，小時候曾接受六年的日本教育。他說自己的祖先是從撒奇萊雅一個名為吉寶竿（Cipawkan，飽干）的部落遷徙過來的，而他也能夠明確說出最初來到水璉的撒奇萊雅人。

　　陳華貴先生所述故事雖然不多，但其中有一則福通的故事相當有趣，故事中福通和他的妻子就相當於是雷公和雷母，而人們也可以依雷聲的不同判斷哪一個是雷公打的，哪一個是雷母打的。這個講法完全不同於先前所聽到的福通故事。

　　第二個受訪者是蔡火坤先生。蔡先生今年71歲（民國26年生），受了二年的日文教育和四年的國民教育。他的祖父是巫師，所以他從五、六歲開始就從祖父那裡聽到故事。雖然蔡先生平常也去教會，但對於傳統的祭儀仍然相當尊重，例如捕魚時該有的祭拜與禁忌，他依然持續遵行著。

　　蔡先生講起故事神情相當專注，肢體動作及語氣也充滿活力。雖然聽不懂他的語言，但是從這些細節即可看出他說故事時的投入。他對於故事的傳述相當謹慎。當我們問到馬久久的故事時，他表示這則故事牽涉的範圍相當多，有關於祭儀、女人國……等。老人家的觀念中認為馬久久也是海神，傳述有關他的故事是相當神聖的事情，必須經過他的同意，要先完成祭儀後才能講述故事。講述馬拉道的故事也一樣。

　　老人家答應我們下次約一個確定的日期，他要先完成這些儀式後再講述故事。而我們也打算要將儀式過程完整地以影音記錄下來。

<u>花蓮縣豐濱鄉磯崎部落採錄日誌</u>

<u>2008 年 7 月 9 日</u>

⊙ 受訪：吳蓮芳
⊙ 嚮導：陳義盛
⊙ 撰稿：黃嘉眉
⊙ 採訪：黃嘉眉

　　早上搭 7:25 的火車從臺北出發，十點多到達花蓮，打算直接前往磯崎。因為路程時間無法精確估算，因此大家提早於 11 點半左右出發；本以為需要二個小時車程，沒想到一個小時就到達了。

　　這次有一位就讀於東華大學民族所的朋友和我們一起前往。因為她的論文題目與撒奇萊雅有關，是以族群意識為主要探討對象。雖然她瞭解我們的採錄與她的研究沒有直接關聯，但她表示想要和我們一起去看看。

　　今天的採錄工作由陳義盛村長幫忙，受訪的耆老是吳蓮芳先生。吳先生民國 21 年生（76 歲），曾受六年日本教育，雖然會說國語，但有著濃厚的腔調，因此採錄過程較為吃力。他

的父母來自太巴塱，從小在磯崎長大，所聽聞的故事都來自磯崎的撒奇萊雅老人。吳先生講述的故事並不多，但他提供了磯崎村的文化背景，也說了一些和之前受訪者所述有所不同的故事。

訪談接近尾聲時，我請陳村長再幫忙介紹幾位地方耆老，但村長表明想不出可以講述傳說故事的人選了。記得先前洪清一老師曾提起林阿玉女士，是撒奇萊雅人，但是因為她經常在台北，回花蓮的時間較短，因此不好找！最近正是各部落舉辦豐年祭的時節，村長已經開始忙碌，因此我們不好過度打擾。算來他大概要到八月中才比較有空，我便約定八月再與他聯絡，一同拜訪林阿玉女士。

下午四點多結束訪問踏上歸途，灰灰的天空下起了大雨。所幸採訪已告一段落，大雨剛好為我們今天的採訪劃下了句點。

主要參考書目

一、中文部份

1. 臺灣省文獻委員會編，《臺灣省通志》，台中，民國 61 年（1972）6 月。

2. 李來旺，《阿美族神話故事》，台東，交通部觀光局東部海岸風景特定區管理處，民國 83 年（1994）1 月。

3. 金榮華，《台灣花蓮阿美族民間故事》，台北，中國口傳文學學會，民國 90 年（2001）10 月。

4. 金榮華，《民間故事類型索引》，台北，中國口傳文學學會，民國 96 年（2007）2 月。

5. 丁乃通，《中國民間故事類型索引》，北京，中國民間文藝出版社，1986 年 7 月。

6. 費德廉、羅效德編譯，《看見十九世紀台灣》，台北，如果出版社，2006 年 12 月。

二、英文部份

1. Thompson, *Motif-index of Folk-literature.*(Bloomington, 1973)6vols.

2. Hiroko Ikeda, A Type and Motif Index of Japanese Folk- Literature. （Helsinki, 1971）

三、網站部份

1. 行政院原住民族委員會臺灣原住民族資訊資源網：

   http://www.tipp.org.tw/formosan/index.jspx，2011 年 9 月 5 日上網。

2. 臺灣原住民族歷史語言文化大辭典網路版：

   http://citing.hohayan.net.tw/，2011 年 9 月 5 日上網。

3. 阿美族之父—李來旺（帝瓦依・撒耘）：

   http://library.taiwanschoolnet.org/cyberfair2002/C0221970005/index. htm，2011 年 9 月 5 日上網。

故事類型索引

1. 先列型號，次列類型名稱，末列本書所在篇次。

2. 型號參考下列三書：

 （一）金榮華《民間故事類型索引》三冊（台北，2007）

 （二）丁乃通《中國民間故事類型索引》（北京，1986）

 （三）S.Thompson, *The Types of the Folktale.* （Helsinki,1973）

情節單元索引

1. 本書所列情節單元為示例性質，據 Stith Thompson 及金榮華先生
   所編碼並加以補充。名稱後附「＊」號者，為本書新編號碼。
2. 單元名稱後之數字為故事序號。

B.動物

C.禁忌

D.變化、法術、寶物

D42.2.	（鬼幻化為人形）18（十六）、（十七）
D94.1.	（巨魔變為人）18（一）、（六）、（九）、（十二）、（十三）、（十四）、（十五）、（十八）、（十九）
D94.2.	（巨魔變山豬）*18（十四）
D152.2.	（人變成老鷹）29（一）、（二）、（三）
D154.1.	（人變鴿子）25
D191.	（人變蛇）24（一）、25、26
D195.	（人變蛙）10、27（一）、（二）
D195.1.	（人死變青蛙）*26
D215.9.	（人變芭蕉樹）*11
D313.3.	（熊變人）23
D399.2.	（烏龜變人）28
D451.2.5.	（藤心刺變針）*20
D454.23.	（木柱變石頭）*18（三）
D454.23.	（傢俱變石頭）*22
D658.2.	（幻化為女夫以成其姦）17（三）、18（二）、（五）、（六）、（九）、（十二）、（十三）、（十五）
D950.15.1.	（神奇竹子內有豬）*17（七）、（八）、（九）

G.妖魔精怪

火神眷顧的光明未來
——撒奇萊雅族口傳故事

整 理　劉 秀 美

出 版　中國口傳文學學會

地 址　新北市新店市如意街 81 號 6 樓

通 訊　台北市陽明山郵政信箱 1 之 45 號

電 郵　lotus@ms1.hinet.net

網 址　http://nfs84305851.myweb.hinet.net/ol_000-top-page.htm

售 價　320 元

初 版　中華民國一○一年（2012）3 月

ISBN　978-986-83691-8-4（平裝）

國家圖書館出版品預行編目

火神眷顧的光明未來 ：撒奇萊雅族口傳故事 / 劉
秀美整理. -- 初版. -- 臺北市 ：口傳文學會,
2012. 03
　　面 ；　　公分
　　ISBN 978-986-83691-8-4(平裝)

539.5339　　　　　　　　　　　101002413